1

Título: Tecnologia da Informação e Comunicação

Subtítulo: a Informática ao alcance de principiantes

Autor: Ramiro Alves

Editor: Ramiro Augusto Nunes Alves

Sobre o autor

Ramiro Augusto Nunes Alves, Engenheiro Eletricista - formado pela Faculdade de Engenharia São Paulo, turma de 1981 - iniciou suas atividades, ainda como Técnico Eletrônico, a convite de seu mestre, na época, Daniel Francisco, que o introduziu no ramo da engenharia, ao contratá-lo para a extinta AEG Telefunken do Brasil. Nesta empresa, teve oportunidade de exercer atividades de ajustes, reparações de módulos de equipamentos transceptores, na faixa de HF, VHF, UHF - modulados em SSB, AM e FM, bem como gigas de testes e ajustes. Em 1979, ingressou no departamento de desenvolvimento de modens da Elebra SA, participando de projeto e nacionalização de vários equipamentos desse tipo, dentre os quais: Modem DS 2401 - em conjunto com o Engo. Leopoldo Santana Luz, sob a gerência do Engo. Cláudio Dascal -, Modem DS 4801 e DS 9601, que deram origem aos hoje denominados Modens ADSL e Cable Modens.

Em 1984, deixou a Elebra, para assumir a gerência de São Paulo de uma das empresas do Grupo ABCALGAR, sendo responsável pelo Departamento de Suporte Técnico, das Região Sul e parte da Região Sudeste. Nesse cargo, trabalhou na implantação de estações terrestres de comunicação de dados, voz e teleconferência via satélite.

Em 1.998, retornou à ELEBRA, a convite de Rafael Vagner de Boni – diretor geral à época, para alavancar o recém-criado Setor de Redes de Computadores, sendo responsável técnico por implantação de redes de voz, texto e dados – utilizando switches, roteadores e concentradores, em meios de par trançado, fibra óptica e rádio –, em empresa públicas de renome internacional, tais como INFRAERO, CHESF E UFPE.

Teve também marcante presença na inciativa privada como empresário e sócio de empresas como INFOLAB e Elebra Comunicação de Dados Ltda. (sócio minoritário), principalmente.

Atualmente, dedica-se a escrever livros didáticos, de poesia, aventura, suspense, contos infanto-juvenis e romances, tendo mais de 40 (quarenta) livros de sua autoria, no mercado literário nacional e mais de quatro no mercado internacional.

Dedicatórias

Agradecimentos eternos ao Engenheiro Daniel Francisco por toda sua sabedoria, paciência e confiança em meu potencial profissional.

Agradecimentos ao Engenheiro Cláudio Dascal pela oportunidade e o privilégio que me propiciou ao trabalhar no projeto do Modem DS 2401, em parceria com o Engenheiro Leopoldo Santana Luz, sob a batuta do Engenheiro Rafael de Boni.

Agradecimentos ao Engenheiro Alfredo Ávila Khun pela oportunidade de trabalhar na ABC Dados, antiga empresa do Grupo ABC Algar.

Sugestões, críticas, dúvidas e incorreções, contate: ramiralves920@gmail.com

Sobre o livro

Tudo para você ser um "show" em Informática e nunca mais "engasgar" com esse assunto.

É inconcebível hodiernamente viver sem as ferramentas que a Informática nos põe à disposição, posto que ela, mesmo inconscientemente, está presente em nosso cotidiano, desde as tarefas mais simples – usar um computador pessoal -, as mais complexas – projetar uma rede de comunicação de dados -, não importando se caseira ou profissional se de pequeno ou grande porte. Portanto, já que é inevitável, nada melhor do que estancar a ignorância sobre os termos que surgem ao se lidar com essa ferramenta maravilhosa.

Esse é o objetivo desta obra: transformar leigos em conhecedores de Informática, ensinando os assuntos mais importantes de maneira descomplicada.

Conteúdo programático, dividido em dois volumes (vendidos separadamente), para não sobrecarregar você com informação.

Volume I

Volume II

- Como fazer links e hiperlinks
- Como estabelecer âncoras

Devido ao dinamismo da tecnologia, esta obra pode ser atualizada a qualquer tempo, sem prévio aviso.

1 - Onda senoidal ou cossenoidal

Dentre os vários tipos de formas de onda existentes, nesse momento, interessa-nos destacar apenas dois deles a senoidal ou cossenoidal e a quadrada.

O exemplo mais simplório da forma de onda senoidal ou cossenoidal é aquela presentes nas tomadas das residências, indústrias e comércio, utilizadas para iluminação, energização de máquinas, equipamentos e eletrodomésticos em geral. Essa forma de onda tem essa denominação pelo fato de sua amplitude variar com o tempo de acordo com a função seno ou cosseno. Por conseguinte, sua amplitude vai a um valor positivo máximo, decresce até o valor nulo, assumindo então valores negativos, obedecendo um período de tempo que, via de regra, é de 50 ou 60 Hz. Para que essa forma de onda possa ser visualizada, há necessidade do emprego de um instrumento denominado osciloscópio posicionado na amplitude adequada.

Desde logo, vamos avisando que energia elétrica é um fenômeno físico-elétrico que, dependendo de seus valores, medidos em Volts, pode provocar sérias queimaduras e até matar. Por isso, caso venha a manipular equipamentos, máquinas, utensílios, etc., tome as devidas cautelas, para não sofrer acidentes fatais.

Vamos então à ilustração de uma onda senoidal típica.

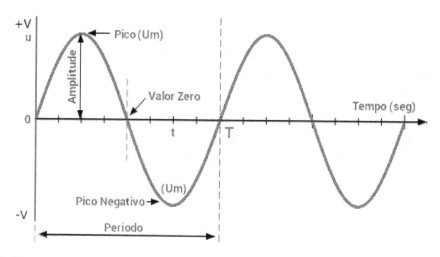

Pode-se notar algumas particularidades: valor máximo de tensão positiva (Pico), valor nulo, valor máximo de tensão negativa (Pico), período de tempo, no qual tudo se repete.

Por padronização, o período é estipulado em segundos, os valores de tensão em Volts e a frequência em Hertz.

2 - Onda quadrada

Neste tipo de forma de onda, quando comparada à senoidal, podem-se ter valores positivos, negativos e nulos. Todavia, o tempo em que seus valores permanecem nos máximos e mínimos, além de serem iguais, permanecem invariáveis nesse espaço de tempo.

Ilustração básica, comparativa à senoidal.

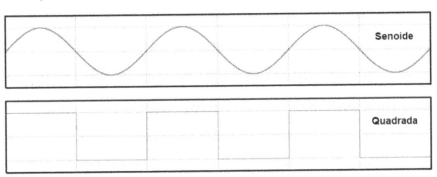

A onda quadrada pode ter um valor máximo positivo e um valor mínimo negativo, ou, ainda, ter um valor máximo positivo e um mínimo igual a zero (nulo), ou, ainda, um valor mínimo negativo e um valor máximo igual a zero (nulo) dependendo da aplicação a que se preste esse sinal.

Considerando-se que ela seja periódica, podem-se distinguir os parâmetros período e frequência fundamental. Prova-se que a onda quadrada pode ser decomposta na somatória de várias ondas senoidais de frequências múltiplas ímpares de sua fundamental.

Ilustração da frequência fundamental de uma onda quadrada periódica.

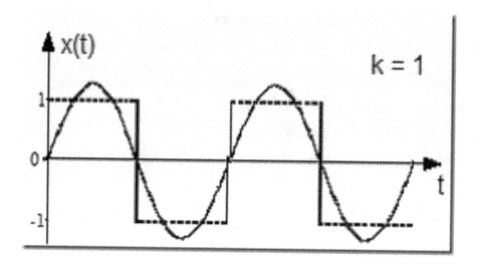

3 - Sinal digital

Interessa-nos, neste curso, considerar apenas como sinais digitais aqueles cujos valores são binários, restritos a dois únicos valores, sendo um considerado como valor lógico "1" e o outro como valor lógico "0". Esse valores lógicos podem ser associados a estados, como por exemplo: ligado ou desligado, aberto ou fechado, ativo ou inativo... Cada um desses estados, isoladamente, são designados pela palavra "bit". Um agrupamento de bits – geralmente de oito bits - é designado por byte.

Os sinais digitais, rotineiramente, são aperiódicos, ou seja, não têm um período definido.

Veja ilustração de um sinal digital, trem de pulsos de bits "1010111".

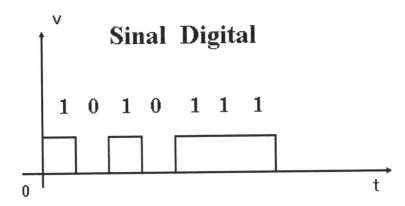

4 - Tensão contínua

Este tipo de forma de onda é muito comum nos equipamentos eletroeletrônicos, servindo para alimentar seus componentes elétricos e eletrônicos. Caracteriza-se por ter seu valor constante com a variação do tempo, portanto sem características de frequência e período. Esse tipo de tensão está presente, por exemplo, nas pilhas e baterias. Entretanto, nas aplicações de equipamentos, ela é conseguida através de circuitos retificadores e filtros.

Ressalte-se que, embora não seja o foco deste curso, na prática, convive-se com a mescla de todos os tipos de onda, ou seja, senoidal, contínua, quadrada, triangular, dente-de-serra e digital. A quadrada nos osciladores de base de tempo, a senoidal para energizá-lo, a contínua para alimentar os circuitos, a digital para prover o processamento e armazenamento de informações, as demais para ativar e desativar dispositivos.

Veja ilustração de um retificador simples.

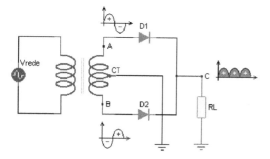

Para que a saída seja o mais contínua possível, são colocada em paralelo com a carga (RL) componentes denominados capacitores. A ondulação residual da saída de um retificador é denominada de "ripple".

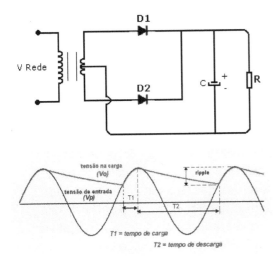

Na prática é muito comum a superposição de todos esses tipos de onda: contínua, senoidal, quadrada, etc.

5 - Tensão de pico, pico a pico, eficaz e média

Essas expressões são muito comuns, quando se manuseia as formas de onda, sendo valores importante àqueles que trabalham com projetos de circuitos eletroeletrônicos. Por essa razão, discorreremos brevemente sobre cada uma dessas expressões técnicas, somente para funções periódicas, apenas para conhecimento superficial.

5.1 - Tensão de pico (Vp): é o valor máximo que a função pode atingir. Em funções simétricas, o valor máximo positivo é em valor absoluto igual ao valor máximo negativo. Para medidas desses valores, quando necessário, são utilizados equipamentos conhecidos como osciloscópio ou os medidores de tensão de pico, que somente mede o pico negativo ou positivo, dependendo das características desse medidor.

5.2 - Tensão pico a pico (Vpp): é o valor diferencial entre o máximo positivo e o negativo. Em onda simétricas - funções simétricas - esse valor é o dobro do valor de pico.

5.3 - Tensão eficaz (RMS): é o valor que produziria o mesmo efeito físico de uma tensão contínua, dissipação de potência e consumo. Seu valor pode ser calculado, para tensões senoidais simétricas, pela fórmula abaixo, ou medido pelo voltímetro na escala AC:

Vef = 0,707 x Vp

Para qualquer tipo de onda periódica, pode-se usar a fórmula abaixo, que depende do conhecimento de Integrais, para sua solução:

$$Y_{ef} = \sqrt{\frac{1}{T} \cdot \int_0^T [y(t)]^2 .dt}$$

Y = tensão em Volts eficazes;

T = período em segundos

Y(t) = função período.

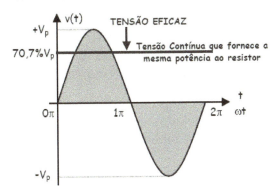

5.4 - Tensão média (Vm): pode ser designada pela área sob a curva - função periódica -, com período T. No caso de ondas simétricas, o valor médio será igual a zero, pois a área positiva é igual à área negativa, portanto se anulando no resultado. Para os outros casos, pode-se calculá-la graficamente, ou utilizar-se a fórmula abaixo. Essa tensão também pode ser medida pelo voltímetro na escala DC.

Vm = (Integral de zero a T de f(t) dt)/T

6 - Base de tempo – oscilador

Circuito fundamental em todo equipamento microprocessado ou não. É ele que fornece as bases de tempo para operação dos componentes desse equipamento, seja para armazenar, ler informações, disparar circuitos auxiliares, gerar outras formas de onda, temporizações, prover visualização, etc.

Por uma necessidade de precisão, são controlados a cristal, gerando forma de onda quadrada e muito estável com a temperatura e a variação dos valores reais dos componentes.

Veja ilustração.

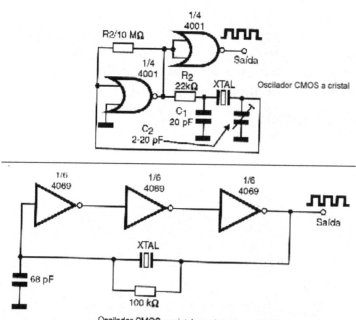

Oscilador CMOS a cristal com inversores CMOS.

7 - Portas lógicas simples

Para propiciar a comutação de circuitos e outras aplicações da eletrônica digital, são empregadas portas lógicas simples, cada qual com sua equação lógica característica pertinente.

Para facilitar o entendimento, suponhamos que o nível lógico "1" seja de 5 Volts e o nível lógico "0" seja de zero volts. Denominaremos as entradas pelas letras A, B, C... e a saída pela letra Y ou X.

7.1

PORTA NÃO (NOT)

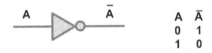

A	$\bar{A}$
0	1
1	0

Chip – circuito integrado com seis portas NOT

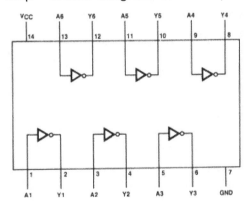

7.2 - Portas NOT, AND, OR, NOR, NAND

23

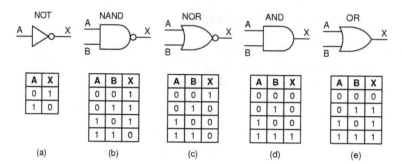

A	X
0	1
1	0

(a)

A	B	X
0	0	1
0	1	1
1	0	1
1	1	0

(b)

A	B	X
0	0	1
0	1	0
1	0	0
1	1	0

(c)

A	B	X
0	0	0
0	1	0
1	0	0
1	1	1

(d)

A	B	X
0	0	0
0	1	1
1	0	1
1	1	1

(e)

7.3 - Porta EXLUSIVE OR, XOR

PORTA XOR ou OU EXCLUSIVO
(EXCLUSIVE OR) $X = A \oplus B$

A	B	X
0	0	0
0	1	1
1	0	1
1	1	0

8 - Flip flop

São circuitos integrados com a função de armazenar um determinado estado lógico(zero ou um).

8.1 - Tipo SR

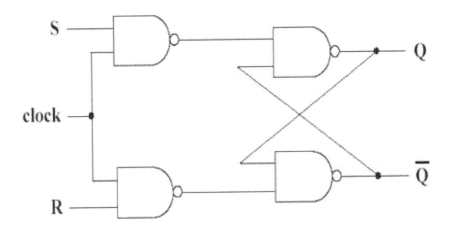

Clock = entrada da base de tempo.

S e R = comandos do flip flop.

Saídas complementares, ou seja, quando uma delas é zero lógico a outra é um lógico, e vice-versa.

8.2 - Tipo D

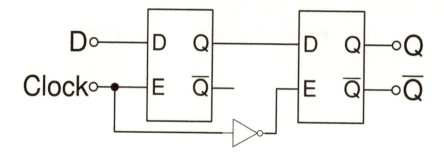

Tabela verdade

D Flip-flop

Symbol				

Table of truth:

clk	D	Q	$\overline{Q}$
0	0	Q	$\overline{Q}$
0	1	Q	$\overline{Q}$
1	0	0	1
1	1	1	0

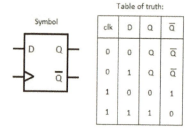

Neste não há a entrada S, R, sendo somente a entrada D.

O estado lógico da entrada D é copiado para Q na subida do clock (base de tempo).

8.3 - Tipo JK

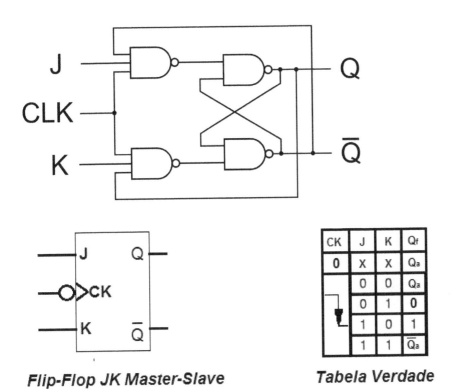

Flip-Flop JK Master-Slave

CK	J	K	Qf
0	X	X	Qa
	0	0	Qa
	0	1	0
	1	0	1
	1	1	Q̄a

Tabela Verdade

27

9 - Divisores de frequência

E muito comum, num mesmo equipamento, a necessidade de variados valores de frequência. Para esse fim, utilizam-se os divisores de frequência, obtendo-a no valor desejado ou necessário ao bom funcionamento do circuito.

9.1 - Divisor por dois (a saída tem frequência igual à metade do clock de entrada) com Flip flop tipo D.

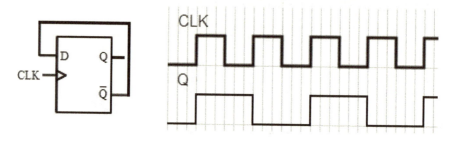

Vários estágios

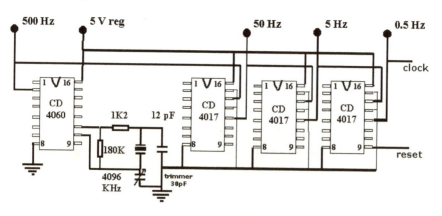

Perceba que o primeiro estágio (CD 4060) é o oscilador.

10 - Microprocessador

O microprocessador é o coração de qualquer equipamento lógico de informática que propicie a comunicação da informação local ou remota desse equipamento. Seu surgimento data de 1.972. Ele é programado para enviar e receber instruções de outros componentes do equipamento, controlando-os, priorizando-os e provendo sua interface com os usuários.

Todo o funcionamento de um processador (CPU) está baseado na lógica digital, obedecendo uma sequência de instruções, quase sempre, previamente gravadas em memórias do tipo ROM (Memória somente de leitura). Tem como características principais a sua velocidade, número de bits, largura de banda e capacidade de processamento máxima.

A memória ROM tem um programa chamado de BIOS (Basic Input Output System) responsável pela inicialização e teste do hardware e das instruções cruciais ao bom funcionamento do equipamento microprocessado.

Em processadores muito rápidos é natural estarem acoplados a elementos dissipadores, para amenizar a alta temperatura, que poderia levar à destruição do componente em minutos de uso.

10.1 - Esquema básico de um circuito com microprocessador.

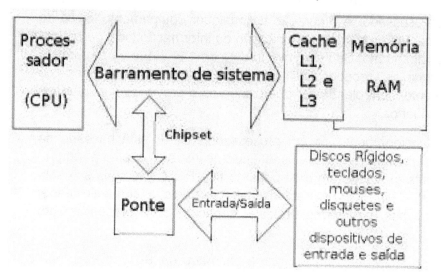

10.2 -

DIAGRAMA DE BLOCOS DO PROCESSADOR PENTIUM

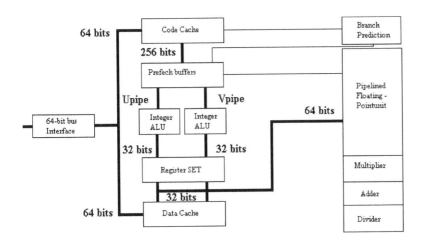

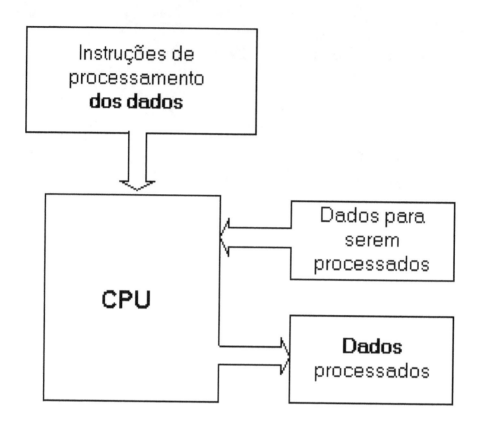

10.3 - Imagem de uma placa-mãe de notebook

A CPU está mecanicamente conectada ao barramento do sistema de resfriamento que se resfria através do ventilador.

A Intel destaca-se como um dos maiores fabricantes de CPU.

11 - Dispositivos de armazenamento de dados

Armazenam dados em caráter temporário ou definitivo. Esses dispositivos têm várias funções, dentre as quais podem-se destacar o programa residente, as informações intermediárias para cálculos, os resultados de cálculos, informações para uso futuro.

Sua capacidade é determinada pela quantidade de informação binária que ele pode armazenar. Atualmente, a capacidade está na faixa de GB (Giga Bytes). Um Giga Byte equivale a 1.000.000.000 de bytes.

Principais dispositivos.

11.1 - Disco rígido (HD): grande capacidade de armazenamento de informações digitais, sendo, comumente, residente (on board), interno ao computador, contendo basicamente tudo o que precisamos para usar adequadamente o computador.

Composto por vários discos empilhados, dotado de uma cabeça magnética capaz de ler ou gravar dados.

11.2 - CD ROM e DVD: discos ópticos de elevada capacidade de armazenamento, 700 MB (setecentos Mega Bytes). São muito utilizados para distribuição de sistemas operacionais, música, filme, imagens, etc. Somente para leitura.

11.3 - CD RW: aperfeiçoamento do CD ROM, podendo ser gravados e lidos.

11.4 - Pen drive: muito utilizado como memória auxiliar do computador, ou para gravar outros tipos de dados: programas, imagens, textos, filmes, back up de microcomputador, etc. Sua conexão com o computador se dá via porta USB. Capacidade já ultrapassando os 32GB.

11.5 - Cartão SD: de capacidade inferior ao pen drive. Esse tipo de memória é muito utilizado em IPOD e celular.

11.6 - SSD (Solid State Drive) : destinam-se a aproveitar as qualidades do HD e dos dispositivos utilizadores de memória flash. São menores e mais portáteis; não têm componentes móveis e capacidade muito próxima à dos HD, combinando alta capacidade com alta velocidade.

11.7 - Memória RAM: memória volátil, permitindo escrita e leitura de informações. Volatilidade significa que, se desenergizada, a informação é perdida. Muito utilizada em computadores. Se você vai ouvir uma música ou assistir a um filme em seu computador, esses dados são colocados numa área de memória RAM. Desligado o computador, esses dados desaparecem (se volatizam). O mesmo ocorre, quando você acessa uma página da Internet.

11.8 - Memória ROM (Read Only Memory) : memória somente de leitura. Não permitindo ao usuário do computador qualquer gravação de dados. Uma vez gravados os dados, não podem ser apagados ou regravados.

11.9 - EPROM: similar a ROM, com a diferença de que os dados podem ser apagados e regravados pelo usuário final. O apagamento se dá por luz ultravioleta.

MEMORIA EPROM

11.10 - EEPROM: seus dados podem ser apagados por um sinal elétrico e novos dados regravados.

MEMORIA EEPROM

12 - Sistemas operacionais

Todo equipamento, dispositivo ou máquina que utiliza processamento de informação, nos dias atuais, necessita de um sistema operacional. Esse sistema, composto de um coletivo de softwares, gerencia os recursos inerentes ao equipamento, sendo responsável pela interatividade entre o seu usuário, o software e o hardware da máquina ou equipamento. As tarefas desempenhadas pelo Sistema Operacional são demasiado complexas, em sua maioria, tais como: gerenciamento de memória, gerenciamento de processos, gerenciamento de recursos, gerenciamento do hardware, gerenciamento do software, gerenciamento de prioridades.

Há diversos tipos de sistemas operacionais, cada um orientado a uma necessidade específica. Veja abaixo alguns exemplos:

12.1 - Portáteis: desenvolvidos especificamente para equipamentos móveis. Exemplos são IOS, Android, Windows Phone, Firefox IOS.

12.2 - Pessoais: utilizados nas aplicações mais comuns de usuários de computador. Exemplos são Windows, MacOs, Ubuntu, Fedora.

12.3 - Servidores: dirigido a equipamentos que trabalham em rede fornecendo serviços a usuários, nos servidores de arquivos, email, programas antivírus. Exemplos são Windows Server, Deblan, Slackware, CentOS, BSD.

12.4 - Computadores de grande porte: orientados para os chamados mainframes. Exemplos são oz/OS, OS390.

Uma maneira de verificar o estado de ocupação do Sistema Operacional no Windows 10 é pressionando-se simultaneamente as teclas Ctrl + Alt + Del e uma janela se abrirá com as seguintes opções:

- Bloquear
- Trocar usuário
- Sair

- Alterar senha
- *Gerenciador de Tarefas*
- Cancelar

Clique na opção "Gerenciador de Tarefas" e uma janela similar a esta abrir-se-á:

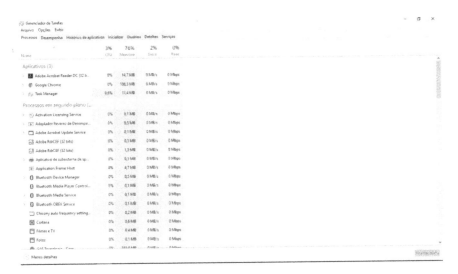

Rolando o barramento

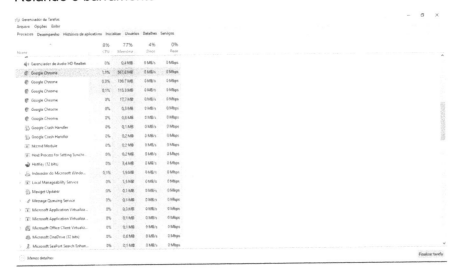

Verifique os percentuais de utilização da CPU, Memória, HD (disco) e rede.

Selecionando "Desempenho"

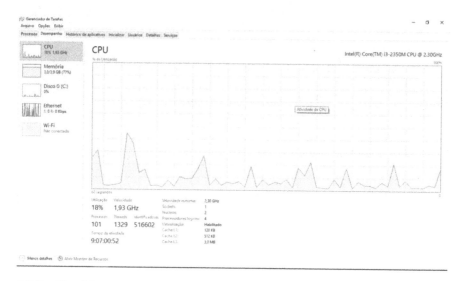

12.5 - Os drivers

Em sua função de interagir com o hardware da máquina, o Sistema Operacional (SO) utiliza-se de um driver especial, para identificar e gerenciar os hardwares já instalados na máquina. Há situações em que vários drivers já estão instalados na máquina, oriundos de fábrica, noutras, abre-se uma janela e se escolhe o driver do novo dispositivo de relação apresentada na tela. Noutras há necessidade de instalação do driver do dispositivo, com por exemplo uma impressora. Quando esse drive já está instalado, de fábrica, diz-se que o novo dispositivo é Plug and Play, pronto para ser usado, pois é automaticamente reconhecido pela máquina.

Como escolher um Sistema Operacional

Nas aplicações comuns, microcomputadores, tabletes, celulares, etc. Ele já está definido e instalado. Em aplicações específicas, cabe ao profissional de TI (Tecnologia da Informação) escolher o que melhor se aplica às necessidades. Previamente um levantamento se faz necessário das funcionalidades e compatibilidades que o SO deve atender. É fundamental que o SO eleito seja o mais moderno possível, pois a tendência a falhas de segurança será menor.

13 - Software e hardware

Pode-se generalizar software como sendo todo o conjunto de instruções de programação ou sistema de processamento de dados de um computador, dispositivo ou máquina que controlam as operações e o comportamento desse dispositivo, máquina ou computador.

Através do software conseguimos realizar nossas tarefas, editar um texto, escutar música, assistir a um filme no computador, navegar na Internet, etc. O software é desenvolvido utilizando uma linguagem de programação. Atualmente há centenas de linguagens utilizadas para finalidades específicas.

Hardware é o conjunto de peças, componentes físicos que permitem a interação entre o usuário e o software, permitem a concretização do software, acomodam níveis de sinais diferentes, possibilitam expansões do software ou da capacidade de memória. Pode ainda se referir ao conjunto de equipamentos acoplados em produtos que precisam de algum tipo de processamento computacional.

13.1 - Licenciamento de um Software

Todo o software após desenvolvido deve ser licenciado, para assegurar ao seu detentor todos os direitos de comercialização sobre ele. O licenciamento informa os direitos e deveres do usuário em relação a esse programa. Grande parte dos softwares traz, no momento da sua instalação, um termo descrevendo a responsabilidade que o usuário deve ter com o software. Caso o usuário não concorde com esses termos, a instalação não é concluída.

As linguagens mais utilizadas no desenvolvimento de softwares são: C; Java; Objective-C; C++; PHP; C#; Visual Basic; Python; Java Script; Shell; Groovi.

13.1.1 - Software de licença livre: permite que o usuário copie, modifique e redistribua o programa. A Free Software Foundation define quatro liberdades que o software precisa ter para ser considerado livre, que são: liberdade de executar o programa independente do propósito; liberdade de acessar o código fonte e estudar como o programa funciona e adaptar para as suas necessidades; liberdade de redistribuir cópias com a intenção de ajudar ao seu próximo; liberdade de aperfeiçoar o programa e disponibilizá-lo para que toda a comunidade se beneficie dele. Pode-se citar como exemplos: Mozilla Firefox (navegador), Mozilla Thunderbird (e-mail), Filzip (compactador), LibreOffice (editor de texto, planilhas eletrônicas, apresentação de slides, desenho, entre recursos), Media player classic (reprodutor de vídeos).

13.1.2 - Software proprietário: possui direitos autorais, ou seja, cópia, redistribuição ou modificação são proibidos pelo desenvolvedor. O software proprietário é o inverso do software livre. Qualquer alteração necessária nesse tipo de software tem que ser solicitado e autorizada pelo distribuidor. Esse modelo de software pode ser adquirido de forma gratuita ou paga, dependendo de o desenvolvedor escolher a forma que irá disponibilizar o mesmo. São exemplos: AVG (antivírus), Winzip (compactador), Norton, Windows (sistema operacional).

13.1.3 - Software comercial: precisa ser comprado para ter o direito à utilização, exceto quando a empresa proprietária decide, como promoção, fornecer gratuitamente uma nova versão a quem já possui a antiga. Dependendo do termo que está vinculado ao software comprado, o mesmo pode ter seu código fonte alterado pelo usuário que o adquiriu. A grande maioria dos softwares comerciais também é proprietária. São exemplos: Microsoft Office (editor de texto, planilhas eletrônicas, apresentação de slides, Desenho, entre outros recursos), Adobe Photoshop (edição de imagens), Vegas Pro (edição de vídeos), Solidworks (desenho CAD).

13.1.4 - Software gratuito ou freeware: o usuário não precisa pagar para utilizar. Existem softwares que são gratuitos para algumas situações, como somente para uso doméstico ou escolar, sendo proibida a utilização em um ambiente empresarial. São exemplos: Avast! Free

Antivirus(antivírus), WinRAR(compactador), Skype(permite realizar ligações e mensagens de texto).

Atenção: a instalação de softwares comerciais ou proprietários, sem a devida aquisição ou autorização da empresa desenvolvedora, encaixa-se em um crime de pirataria. Muitos softwares comerciais são encontrados facilmente hoje na Internet, sem nenhum tipo de cobrança, sendo considerados piratas, pois a empresa não tem ciência da disponibilização do software. As Leis n. 9.609/98 e n. 9.610/98 protegem o direito de autor sobre programas de computador prevendo até mesmo a pena de detenção e multa.

13.2 - Hardware básico de um computador

13.2.1 - Processador: executa as instruções e tarefas solicitadas pelo usuário, geralmente denominado de CPU.

13.2.2 - Hard disk (HD): armazenador de dados de forma permanente. Com o avanço tecnológico, os HD a cada dia aumenta mais ainda sua capacidade de armazenamento, chegando a Terabyte (TB).

13.2.3 - Memória RAM: armazenar informações necessárias temporariamente para o processador executar uma determinada função ou operação.

13.2.4 - Placa-mãe: interliga todos os dispositivos encontrados no computador. Através das trilhas encontradas na placa-mãe, os componentes conseguem trocar dados entre si. Nesse hardware são encontrados diferentes conectores, slots e portas utilizados para interligar diferentes tecnologias de placas e interfaces de I/O (entrada e saída), interfaces de vídeo, som, interface USB, HDMI, rede, memórias, etc.

13.2.5 - Drive de CD/DVD: serve basicamente para ler CD e DVDs. A maioria desses drives realiza a gravação em CDs e DVDs, encaixados convenientemente numa bandeja retrátil.

CD-ROM: somente lê CD.

CD-RW: lê e grava CD.

CD-RW + DVD (combo): lê CD e DVD e grava CD.

DVD-RW: lê e grava CD e DVD.

13.2.6 - Placa de Vídeo: tem a função de gerar imagens e enviá-las para o monitor. São comumente onboard, ou seja, já contidas na própria placa-mãe.

13.2.7 - Periféricos: genericamente denominados todos os dispositivos que podem ser conectados na parte externa do computador através das portas disponíveis para esse fim, do tipo USB, HDMI, RJ, VGA, PS/2, e outras.

13.2.8 - Fonte de alimentação: é responsável por fornecer a energia adequada para todas as partes elétricas e eletrônicas do computador. Atualmente são fontes do tipo chaveada, tendo maior eficiência na conversão de Tensão Alternada (AC) para Tensões Contínuas (AC).

Veja abaixo o circuito exemplo de uma fonte chaveada com saídas DC de + 12V, - 12V, - 5V e + 5V.

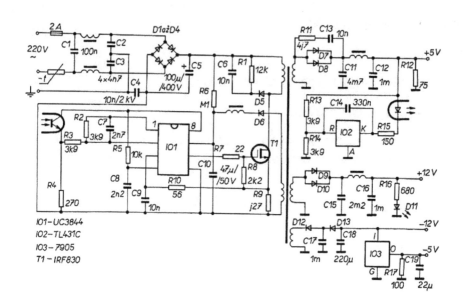

IO1 – UC3844
IO2 – TL431C
IO3 – 7905
T1 – IRF830

14 - Interfaces

Dá-se o nome de interface a todo dispositivo que adapta, acomoda, compatibiliza dois dispositivos distintos, seja em níveis de tensão, protocolos de comunicação ou outra característica qualquer, possibilitando a comunicação necessária entre eles, tanto no aspecto físico quanto lógico.

Sob o ponto de vista do usuário, a interface mais importante é aquela que possibilita a comunicação entre o homem e a máquina e vice-versa.

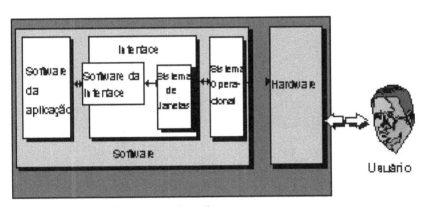

Sistema Interativo

14.1 - CUI (Character-based User Interface): possibilita a digitação do usuário e seu entendimento pela máquina que irá processar e amostrar essa informação, para textos e caracteres alfanuméricos.

14.2 - GUI (Graphical User Interface) ou WIMP: interfaces fundamentadas em gráficos e desenhos.

14.3 - PUI (Pen-based User Interface): composta por um monitor de vídeo em formato de planilha ou bloco de notações que recebem dados de uma caneta.

14.4 - VRUI (Virtual Reality User Interface): fundamentadas no paradigma da realidade virtual.

14.5 - Estilos de interação: é maneira pela qual o usuário interage com o sistema.

14.6 - Linguagem de comandos: proporcionam ao usuário o envio de instruções diretamente ao sistema via comandos específicos. Neste estilo, os comandos são construídos através de teclado podendo ser interpretados pelo software da interface ativando as funções específicas da aplicação. Neste estilo de interação, a linguagem de comandos se aproxima da falada pelo usuário. Exemplo é a linguagem de comandos Shell Unix.

14.7 - Menus: neste estilo o conjunto de comandos de funções oferecidas ao usuário é mostrado na tela, cabendo ao usuário selecionar qual delas lhe satisfaz a necessidade, seja por mouse, teclas alfanuméricas ou teclas especiais.

14.8 - Linguagem Natural: expressada na linguagem que o usuário domina, português, inglês, etc. Nessa interface, o usuário interage com o sistema utilizando a sua própria linguagem, ao contrário daquela de comandos, na qual o usuário tem de memorizar a linguagem artificial.

14.9 - Preenchimento de formulários: muito utilizadas para entrada de dados em sistemas de informação, cadastro de sites. A tela apresentada ao usuário lembra um formulário de papel que deve ser preenchido pelo usuário com informações específicas.

14.10 - Manipulação Direta: permitem ao usuário interagir diretamente com os objetos da aplicação sem uso de linguagem específica, pois os comandos são ações que o usuário desempenha diretamente com o objeto do sistema. Exemplos são a do Apple Macintosh, baseada no

Xerox Star e o Microsoft Windows nas quais os usuários interagem com o gerenciador de arquivos, diretórios, discos e outros componentes computacionais.

14.11 - A interface WIMP (Windows, Icons, Menus and Pointers): o estilo de interação WIMP permite a interação através de componentes de interação virtual denominados Widgets. Este estilo é implementado com o auxílio das tecnologias de interfaces gráficas, proporcionando o desenho de janelas e do controle de entrada através do teclado e do mouse, em cada uma destas janelas. Os softwares de interfaces que implementam estes estilos permitem a construção de ícones possibilitando a interação através do mouse, comportando-se como dispositivos virtuais de interação.

Nas interfaces WIMP é possível ter os estilos de menus, manipulação direta, preenchimento de formulário e linguagem de comandos. WIMP pode ser considerado um modelo ou um framework de interface apoiado pela tecnologia de interfaces gráficas (GUI).

É possível implementar o estilo WIMP usando tecnologia de telas não gráficas, entretanto têm-se a limitação de não se ter ícones gráficos e um baixo nível de resolução limitando a quantidade de objetos de interface mostrada ao usuário.

15 - Endereço MAC

MAC Address – *Media Access Control* ou Controle de acesso a mídia – é um endereço físico Hexadecimal de 48 bits, ou seis bytes, especificando o dispositivo e o fabricante do dispositivo, conforme modelo abaixo:

MAC Address - 48 Bits

FF-C6-00	A2-05-D8
3 Com	Dispositivo
Os 24 primeiros bits correspondem ao fabricante, e são administrados pelo IEEE, é o OUI (*Organizational Unique Identifier*), ou Identificador Unico Organizacional. Por exemplo, 3 Com, como citado.	Os outros 24 bits correspondem ao dispostivo (Placa de rede, Interface). São atribuidos de maneira serial ou de acordo com critérios do fabricante em específico.

Todo dispositivo que se conecta à rede de dados tem um endereço MAC, já atribuído de fábrica.

Como descobrir o endereço MAC

Supondo que esteja utilizando o Windows, siga o procedimento relatado a seguir:

- Pressione as teclas, simultaneamente Windows + R (aparecendo um campo de digitação);
- Digite CMD", sem aspas;
- Clique em "OK";
- Digite "ipconfig –all", sem aspas;
- Tecle "enter".

Ter-se-á como resultante uma figura com todas as informações pertinentes aos adaptadores.

Veja na listagem o campo denominado por "Endereço Físico", aparecendo para todos os adaptadores do PC; esse é o endereço MAC, ou são, os endereços MAC dos adaptadores.

16 - Endereço IP

IP (Internet Protocol) é o identificador do dispositivo de uma rede de dados, seja ela púbica ou privada, sendo utilizado para possibilitar a comunicação entre máquinas. Toda vez que um dispositivo se conecta à rede, ele recebe, de maneira estática ou dinâmica, um endereço IP que o distingue nessa rede específica. Através desse endereçamento, pode-se localizar o usuário da rede. Vale lembrar que até mesmo os sites recebem um endereço IP.

Quando se digita o endereço de um site (www) na barra de navegação, o servidor de DNS será responsável por retornar o endereço IP desse site. Numa mesma rede, nunca existirão dois endereços IP idênticos, personalizando as comunicações entre dois usuários, não importando onde eles se encontrem.

16.1 - IPV4

Esse endereço (no formato IPV4) é composto por grupos de quatro bytes cada um, designados por código hexadecimal, cada grupo, portanto, variando de 0 a 255. No formato IPV6, (2001:0DB8:AD1F:25E2:CADE:CAFE:F0CA:84C1).

O número **172.31.110.10** é um exemplo de IPV4.

16.2 - IPV6

A representação dos endereços IPv6 divide o endereço em oito grupos de 16 bits, sendo que, na sua representação, podem ser suprimidos os grupos de zeros e os caracteres podem ser maiúsculos ou minúsculos, ficando:

(2001:0DB8:0000:0000:130F:0000:0000:140B pode ser escrito também como 2001:DB8:0:0:130F::140B, ou como 2001:DB8::130F:0:0:140B).

(2001:0DB8:00AD:000F:0000:0000:0000:0001 pode ser escrito também como 2001:DB8:AD:F:0:0:0:1, ou como 2001:DB8:AD:F::1).

16.3 - Classes do IPV4

Com objetivo de obter redes de diferentes dimensões, foram definidas cinco diferentes classes do endereços IP, A, B, C, D, E.

Tabela

Classes IPv4 e Máscara de Rede					
Classe	Início	Fim	Máscara de Rede Padrão	Notação CIDR	Nº de Endereços por Rede
A	1.0.0.0	126.255.255.255	255.0.0.0	/8	16 777 216
	127.0.0.0	127.255.255.255	255.0.0.0	/8	Localhost
B	128.0.0.0	191.255.255.255	255.255.0.0	/16	65 536
C	192.0.0.0	223.255.255.225	255.255.255.0	/24	256
D	224.0.0.0	239.255.255.255			Multicast
E	240.0.0.0	255.255.255.255			Uso futuro; atualmente reservada a testes pela IETF

16.4 - IP interno e IP externo

Dependendo da utilização do computador, pode-se ter dois tipos de endereço IP, o interno e o externo. O interno é usado como endereçamento da Intranet, ou rede interna ou Intranet. Já o externo é utilizado para identificar o computador na rede pública, perante os outros sites (Internet).

Para descobrir o endereço IP externo da sua conexão, basta acessar um dos vários sites que trazem essa informação em segundos, destacando o http://www.meuip.com. Ao acessá-lo o número será exibido na tela principal sem que seja necessária qualquer ação.

Já o interno, para obtê-lo, basta seguir a sequência:

Pressione a tecla "Windows" + a tecla "R";

Digite "CMD", sem aspas;

Digite "ipconfig" sem aspas.

O endereço será mostrado, similarmente ao mostrado a seguir:

```
Prompt de Comando                                        _  □  ×

Adaptador Ethernet Ethernet:

    Sufixo DNS específico de conexão. . . . . . . : localdomain
    Endereço IPv6 . . . . . . . . . . . : fdb2:2c26:f4e4:0:f979:661:101:5fda
    Endereço IPv6 Temporário. . . . . . . . : fdb2:2c26:f4e4:0:b1e2:7a07:8b94:989
c
    Endereço IPv6 de link local . . . . . . . . fe80::f979:661:101:5fda%3
    Endereço IPv4. . . . . . . . . . . . . . . : 10.211.55.3
    Máscara de Sub-rede . . . . . . . . . . . : 255.255.255.0
    Gateway Padrão. . . . . . . . . . . . . . : 10.211.55.1

Adaptador de túnel isatap.localdomain:

    Estado da mídia. . . . . . . . . . . . . . : mídia desconectada
    Sufixo DNS específico de conexão. . . . . : localdomain

Adaptador de túnel Conexão Local* 3:

    Sufixo DNS específico de conexão. . . . . :
    Endereço IPv6 . . . . . . . . . . . : 2001:0:5ef5:79fb:28b6:1a4c:f52c:c8fc
    Endereço IPv6 de link local . . . . . . : fe80::28b6:1a4c:f52c:c8fc%5
    Gateway Padrão. . . . . . . . . . . . . . :

C:\Users\hbijora>
```

60

17 - Modem

Modem, contração das palavras Modulador e Demodulador, tem a função básica de transformar sinais digitais em sinais analógicos, possibilitando que os mesmos possam trafegar em linhas telefônicas, fibras ópticas, cabos coaxiais e outros meios físicos ou de radiofrequência, conectando computadores a longa distância. Esse equipamento surgiu da necessidade de se interligarem os computadores da ARPANET (Advanced Reserch Projects Agency, braço da inteligência militar americana responsável por manter a superioridade tecnológica dos EUA em relação ao seu arqui-inimigo URSS) - rede simplória precursora da Internet -, na década de setenta.

Com a expansão da Internet e a necessidade de velocidades mais altas e recepção de informações confiáveis e íntegras, esse equipamento, como os demais, evoluíram no acréscimo de velocidade de transmissão, compactação e sofisticação tecnológica. São comuns as velocidades superiores a 15 Mbps (quinze megabits por segundo), com correção de erros, compressão de dados e compatibilidade de comandos Hayes AT.

Aplicação básica em linha telefônica

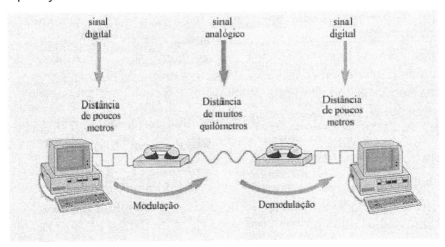

Convém ressaltar que modems funcionam aos pares e que alguns computador já vêm com a placa modem em sua placa-mãe, onboard.

Correção de erros: nas comunicações em geral, principalmente nas de dados, o meio induz vários fenômenos físicos na informação, traduzindo-se em erros. Para essa anomalia produzir resultados indesejáveis numa transmissão de informação, os modens atuais dispõem de softwares capazes de detectar e corrigir erros de transmissão.

Compressão de dados: para racionalizar a informação, diminuir a probabilidade de erro e agilizar sua velocidade, os modens possuem algoritmos para compactar e descompactar os dados que trafegam no meio de comunicação, substituindo padrões repetidos por símbolos indicativos desse padrão. Com isso, ganha-se maior velocidade na comunicação.

Conjunto de comandos Hayes AT: sendo os primeiros implementados em modens para microcomputadores, esses comandos se tornaram populares, embora existam outros menos empregados. O prefixo AT precede todos os comandos indicando ao modem que um novo comando ou uma série de comandos está para acontecer.

17.1 - Modem ADSL (Asymetric Digital Subscriber Line): é uma tecnologia de processamento de sinais digitais para comutação e roteamento através de linhas telefônicas com alta velocidade, proporcionando banda passante mais larga para os sinais que possam atender as exigências de demanda da Internet.

Originalmente tecnologia ADSL foi criada em 1994 para proporcionar a possibilidade de se usar as linhas telefônicas para jogos interativos, multimídia e teleconferência.

É oportuno enfatizar que as linhas telefônicas foram originalmente concebidas para tráfego de voz e não de dados. Enquanto a faixa de frequência de fonia chega próximo de 3.500 Hz, a de dados, para altas velocidades de transmissão, vai muito além disso, portanto requerendo técnicas de apropriação do sinal modulado.

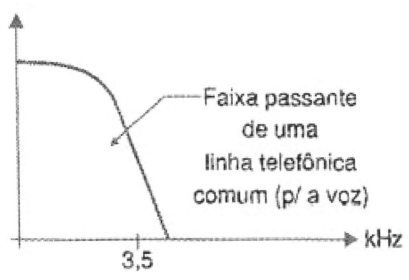

Funcionamento: essa tecnologia, que consegue estender a faixa passante para até 1 MHz em linhas telefônicas, possibilita velocidades de até 8 Mbps, dividindo a informação em três canais, conforme a seguir:

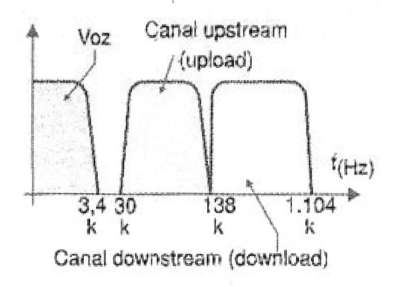

Canal downstream (download)

O canal para baixar informações (download), com velocidade mais alta, é colocado no final da faixa e frequências; o canal para enviar informações (upload) é colocado na faixa central de frequências, sendo a mais baixa reservada para fonia. Com isso convivem a comunicação de fonia em harmonia com alta velocidade de dados, de forma assimétrica. Isso faz sentido porque passamos a maior parte do tempo recebendo dados e não os enviando. Por exemplo: nos dados com destino à casa do assinante temos uma velocidade de 8 Mbps; nos dados em direção à rede (servidor), temos 640 Mbps.

Esquema básico

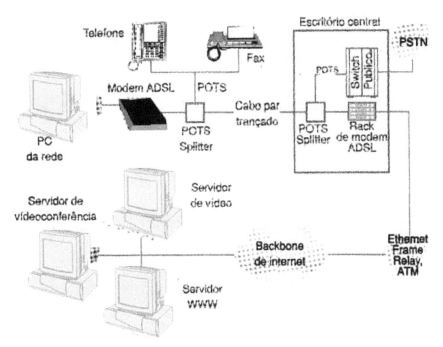

17.2 - Cable Modem: concebido para utilizar os cabos coaxiais de transmissão de TV a cabo para tráfego de dados. As velocidades de download chegam a 150 Mbps usando uma porção da banda não utilizada pelo sinal e TV, sendo essa uma das vantagens em relação ao Modem ADSL.

Ressalte-se que, na maioria das operadoras, esse Modem está acoplado internamente a um roteador, quando o assinante requer a opção de WIFI. Nesses modems-routers, a antena (uma ou duas) pode ser externa ou embutida.

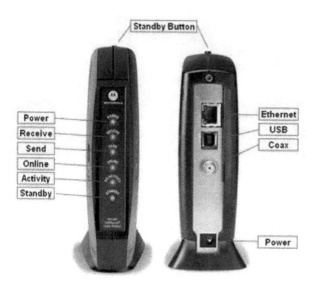

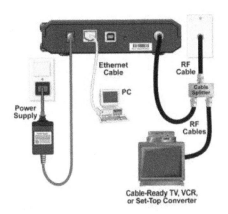

17.3 - Modem de fibra ótica

Nesse tipo de Modem o sinal digital é convertido, no transmissor, num sinal luminoso apropriado para transitar em fibra óptica. No receptor, esse sinal luminoso é reconvertido para o sinal digital original. O sinal luminoso e a fibra empregada devem ser compatíveis. Quando se utiliza fibra multimodo, o alcance chega a trezentos metros de distância; quando se utiliza a fibra monomodo o alcance pode chegar a oitenta quilômetros.

Modem para 200 Mbps

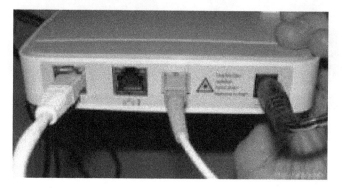

17.3.1 - Alguns tipos de conectores para fibra óptica

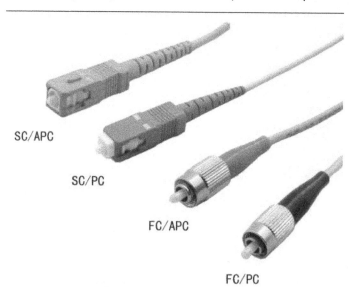

SC/APC

SC/PC

FC/APC

FC/PC

Têm-se dois modos, através de circuitos adequados, de converter o sinal digital em sinal luminoso: Laser e LED; sendo o Laser para fibras monomodo e o LED para fibras multimodo.

17.3.2 - O cabo de fibra óptica: pode ser constituído por várias fibras, cada qual composta de várias camadas, para prover-lhe resistência à flexão e à tração, bem como a reflexão da luz nele. Veja a seguir o exemplo ilustrativo de uma fibra óptica.

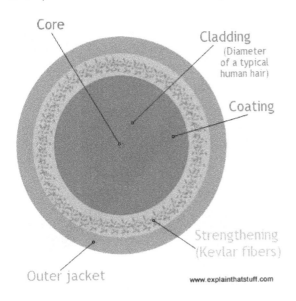

Outer: é a proteção externa da fibra óptica, evitando desgaste natural, melhorar a resistência à tração e as intempéries. Geralmente de plástico.

Strenggtherning: é uma fibra de fortalecimento, protegendo a fibra contra quebras quando submetidas à torção e impactos.

Coating: é o revestimento interno da fibra, com função parecida à da fibra de fortalecimento. Além disso, evita que a luz natural atinja as fibra interna, o que resultaria em interferências indesejáveis ao sinal convertido.

Cladding: é a camada de refração, responsável pela propagação da luz, evitando que haja perdas no transcorrer do caminho do sinal luminoso, para melhor aproveitar o sinal luminoso.

Core: é o núcleo do cabo simples de fibra óptica. É onde de fato ocorre a transmissão dos pulsos do sinal luminoso. Pode ser fabricado a partir cristais de quartzo dopado ou através de polímeros.

17.3.3 - Veja a seguir um esquema ilustrativo da fabricação do núcleo de uma fibra óptica.

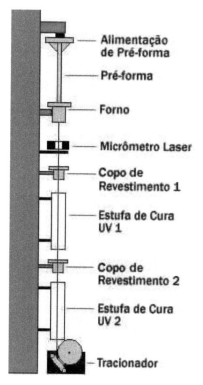

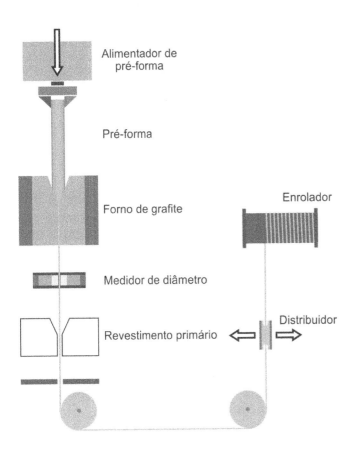

Alimentador de pré-forma

Pré-forma

Forno de grafite

Enrolador

Medidor de diâmetro

Revestimento primário

Distribuidor

71

18 - Estação de trabalho

Genericamente neste curso é tudo aquilo que pode ser conectado a uma rede de dados possibilitando oferecer ao usuário final acesso aos recursos nela disponíveis, tais como: computadores, microcomputadores, impressoras, notebooks, tablets, phones, scanners, impressão, netbooks, etc.

19 - Placa de rede

Todo computador, tablet, PC, hub, switch, roteador, etc. precisa de hardware para transmitir e receber dados. O dispositivo que executa essa função é a placa de rede (NIC ou Placa de Interface de Rede). A placa de rede pode estar embutida no equipamento (on board) ou ser uma placa em separado que se encaixa em um dos slots de expansão do computador, provendo-lhe acesso à rede via um cabo. Um software adequa o computador à placa de rede.

Tanto o software de rede quanto a placa de rede, para serem compatíveis, têm de estar de acordo com o protocolo de comunicação, denominado protocolo de rede, sendo mais comuns são Ethernet, Token Ring e ARCNET. (A maioria das redes de alto desempenho do Macintosh usa o protocolo Ethernet, mas a porta de rede de baixo desempenho de cada Macintosh usa um protocolo proprietário chamado LocalTalk.) Cada um desses protocolos foi projetado para um determinado tipo de topologia de rede e tem certas características padrão.

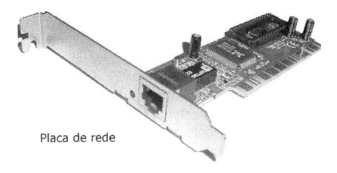

Placa de rede

Para potencializar o efeito de blindagem eletromagnética, as placas de rede utilizam nas entradas circuitos balanceados, como o da figura.

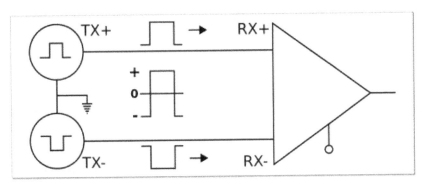

20 - Hub

É um equipamento – ativo de rede – que tem como função a interconexão entre outros equipamentos de rede de comunicação local de dados (microcomputadores, impressoras, servidores, roteadores, etc.). Do ponto de vista prático, ela funciona como um "T" de cabo coaxial, concentrados num único equipamento. O número de portas de uma Hub determina a quantidade de equipamentos terminais da rede que podem ser interligados por ela. Comumente as conexões são por intermédios de conectores RJ 45 , coaxial ou fibra ótica. Veja ilustração a seguir:

Esse equipamento pode conter um software de gerenciamento, possibilitando ao administrador de TI , via console de gerenciamento, verificar o seu funcionamento, simular testes e visualizar estatísticas de ocupação de cada porta.

Se for do tipo empilhável (stackable), seu número de portas pode ser expandido, comportando-se o conjunto empilhado como um único equipamento.

Com o advento da switches e sua produção em larga escala, barateando o preço, a utilização de Hub nas redes de dados decai a cada ano, dando-se preferência às switches.

Hub

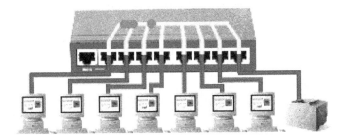

21 - Switch

Analogamente à Hub, é um equipamento que tem a função de interligar vários computadores (impressoras também e outros equipamentos terminais) em uma rede. Entretanto, diferentemente da Hub, uma switch é mais "inteligente", discriminando endereços IP, enviando a informação somente para o endereço pertinente, referente ao computador, servidor, impressora, roteador, etc. Os dados da origem são enviados somente para o endereço de destino.

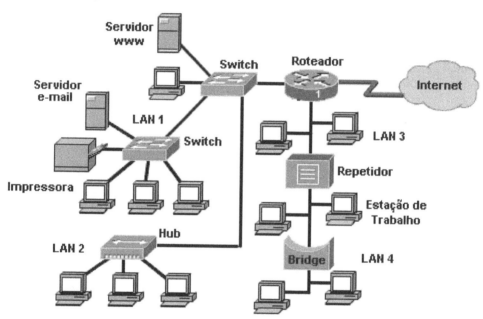

LAN: Local Area Network; Rede Local. WAN: Wide Area Network: Rede de Longa Distância.

HUB ou SWITCH

* O **HUB** é um dispositivo que tem a função de interligar os computadores de uma rede local. Sua forma de trabalho é a mais simples se comparado ao switch.

* O **SWITCH** tem função semelhante ao hub, mas a diferença dos dois reside no fato de que o HUB não é capaz de direcionar os dados de um nó, já o Switch é mais eficiente, pois organiza para onde vai a mensagem enviada.

As switches têm a qualidade de memorizar os endereços IP dos ativos a ela conectados. As portas podem ser do tipo RJ 45, coaxial ou fibra óptica.

21.1 - Classificação de Switches

21.1.1 - Store and Forward: armazenam numa memória cada quadro que compõe a informação. Nesse tempo, a switch calcula o CRC (verificador de erro) e mede o tamanho do quadro. Se houver alguma anomalia, ela descarta esse quadro; caso contrário, o quadro é enviado ao equipamento destino, aumentando a confiabilidade da rede.

21.1.2 - Cut through: tem latência inferior ao tipo Store and forward. Esse decréscimo na latência decorrer do fato de ela ler somente os primeiro seis bits do quadro, contendo o endereço de destino, encaminhando então o pacote a esse endereço. Isso significa que, ao não detectarem pacotes corrompidos, nem o CRC, pacotes corrompidos poderão ser entregues ao endereço de rede destino.

21.1.3 - Fragment Free: neste tipo, leem-se os primeiros sessenta e quatro bits do pacote, assegurando que o quadro tem o tamanho mínimo, evitando contaminações por colisões.

21.1.4 - Adaptative Cut through: processam pacotes no modo adaptativo, suportando tanto o modo o store and forward quanto cut through. O modo pode ser ativado pelo gerente da rede, ou o switch pode ser inteligente o bastante para escolher entre os dois métodos, baseado no número de quadros com erro passando pelas portas. Se a quantidade de quadros corrompidos atinge um certo nível, o switch pode mudar do modo cut through para store and forward, voltando ao modo anterior quando a rede se normalizar.

Qual utilizar?

Switches cut through são indicadas para pequenos grupos de trabalho e pequenos departamentos.

Switches store-and-forward são indicados para redes corporativas nas quais a verificação de erros e bom throughput são desejáveis.

Apenas os switches store and forward ou adaptative cut through funcionando no modo store and forward possuem a capacidade de suportar mais de um tipo de LAN (como por exemplo Ethernet e Fast Ethernet), pois são os únicos com capacidade de memorização dos quadros, condição necessária para a posterior conversão do formato do quadro MAC, ou do método de sinalização.

Throughput: taxa de dados efetiva de uma rede, ou conexão. Isso significa que se pode ter um sistema com velocidade de 100 Mbps, mas um throughput equivalente a 10 Mbps, devido à quantidade de erros presentes nessa conexão.

Ethernet: arquitetura de interconexão para redes locais - LAN - baseada no envio de pacotes. Ela tomou praticamente todo o espaço antes ocupado por padrões de rede Token Ring, FDDI e ARCNET. Sua velocidade nominal é de 10 Mbps.

Fast Ethernet: é a Ethernet ampliada para velocidade de 100 Mbps.

MAC: na verdade, endereço MAC ou MAC address, (Media Access Control ou Controle de Acesso de Mídia), é um endereço físico e único, que é associado à interfaces de comunicação utilizadas em dispositivos de rede, qualquer que seja ele.

21.2 - Classificação quanto à segmentação de sub-redes

Elas podem ser classificadas como Layer 2, 3 ou 4.

Layer 2: são os switches tradicionais, que funcionam como bridges multiportas. Sua principal finalidade é de dividir uma LAN em múltiplos domínios de colisão, ou, nos casos das redes em anel, segmentar a LAN em diversos anéis.

Os switches de camada 2 possibilitam, portanto, múltiplas transmissões simultâneas. A transmissão de uma sub-rede não interfere nas outras sub-redes. Os switches de camada 2 não conseguem, porém, filtrar broadcasts, multicasts (mais de uma sub-rede que contenha as estações pertencentes ao grupo multicast de destino), e quadros cujo destino ainda não tenha sido incluído na tabela de endereçamento.

Broadcast: tipo de transferência de mensagem de um único equipamento para todos os demais que compõem a mesma LAN.

Multicast: é a entrega de informação para múltiplos destinatários simultaneamente usando a estratégia mais eficiente onde as mensagens só passam por um link uma única vez e somente são duplicadas quando o link para os destinatários se divide em duas direções.

Layer 3: além das funções inerentes à camada 2, incorporam algumas funções de roteamento, como por exemplo a determinação do caminho de repasse baseado em informações de camada de rede (camada 3), validação da integridade do cabeçalho da camada 3 por checksum e suporte aos protocolos de roteamento tradicionais (RIP, OSPF, etc).

Os switches de camada 3 suportam também a definição de redes virtuais (VLAN's), e possibilitam a comunicação entre as diversas VLAN's, sem a necessidade de se utilizar um roteador externo.

Por permitir a interligação de segmentos de diferentes domínios de broadcast, os switches da camada 3 são particularmente recomendados para a segmentação de LAN's muito grandes, nas quais a simples utilização de switches de camada 2 provocaria uma perda de performance e eficiência da LAN, devido à quantidade excessiva de broadcasts.

Layer 4: geram controvérsia quanto a adequada classificação, pois são muitas vezes chamados de Layer 3+ (Layer 3 Plus).

Basicamente incorpora às funcionalidades de um switch de camada 3 à habilidade de se implementar a aplicação de políticas e filtros a partir de informações de camada 4 ou superiores, como portas TCP e UDP, ou SNMP, FTP, etc.

TCP: Transmission Control Protocol, protocolo de controle de transmissão, sendo um dos protocolos no qual se assenta a comunicação via Internet. Verifica se os dados são enviados de forma correta e na sequência apropriada e sem erros pela rede.

UDP: User Datagram Protocol, protocolo não orientado para a conexão da camada de transporte do modelo TCP/IP. Este protocolo é muito simples já que não fornece controle de erros, não sendo, portanto, confiável.

SNMP: Simple Network Mangement Protocol, protocolo concebido para monitoramento e gerenciamento de redes de dados. É o protocolo mais usado para se saber o que ocorre com os ativos de redes de dados.

FTP: File Transfer Protocol, protocolo usado para transferência de arquivos de um servidor para um computador ou vice-versa.

22 - Bridge

Ativo de rede destinado a conectar duas redes distintas, permitindo a comunicação entre elas. Embora possa se parcer à Hub e à Switch, seu princípio de funcionamento e aplicações são diferentes: um hub permite conectar vários PCs, que passam a fazer parte de um único segmento de rede; a Bridge permite unir dois ou mais hubs, transformando-os em uma única rede, fazendo com que os PCs de uma rede não sobrecarreguem a outra, embora possam se comunicar entre si.

Na escala evolutiva, estão antes das switches e dos roteadores.

Ver ilustrações de conexão de uma bridge

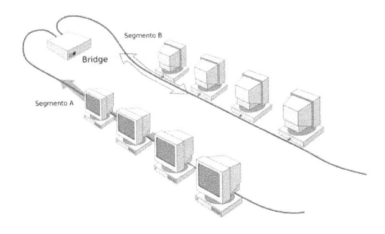

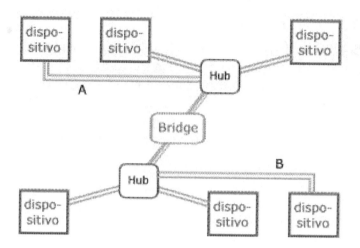

Atuam nas camadas 1 e 2 OSI, lendo o campo de endereço de destino dos pacotes e transmitindo-o, quando se trata de segmentos de redes diferentes, utilizando o mesmo protocolo de comunicação. Se o pacote tiver como destino o mesmo seguimento de rede, nada acontece.

Dentro de cada uma há uma memória que armazena os endereços MAC de todos os computadores presentes na rede, a partir dos endereços de origem dos frames. Baseado nisso, é criada uma tabela que identifica cada computador e o seu local nos segmentos de rede.

Assim que a Bridge (ponte) recebe o pacote do endereço, é feita uma comparação com a tabela existente, analisando-se o endereço MAC do destinatário e do emissor. Se ela reconhecer o endereço, irá encaminhar o pacote a esse endereço, caso contrário, se a ponte não conhecer o emissor, armazenará o seu endereço na tabela, para saber de que lado da rede se encontra o emissor.

As principais características da Bridge são:

- Filtrar pacotes entre segmentos de LAN's;
- Capacidade de armazenamento de mensagens, principalmente quando o tráfego na rede for muito grande;

- Possui função de uma estação repetidora comum;
- Algumas bridges atuam como elementos gerenciadores da rede, coletando dados sobre tráfego para a elaboração de relatórios;
- São Autoconfiguráveis;
- Transparente para os protocolos acima da camada MAC.

23 - Roteador

Ativo de rede que permite a interligação de redes distintas e acesso a redes de longa distância (por exemplo a Internet).

A rede Internet é composta por inúmeros roteadores interligados entre si. Ao se acessar um site qualquer, a requisição trafega por vários roteadores, até chegar ao destinatário e os dados enviados por ele fazem o caminho inverso para chegar à estação, roteador, requisitante. Roteadores são capazes de definir a melhor rota para os pacotes de dados, evitando caminhos sobrecarregados, mais longos ou inoperantes. O roteador pode ser tanto um dispositivo dedicado quanto um PC com duas ou mais placas de rede rodando um sistema operacional com suporte a esta função.

O roteador também pode ser utilizado para interconectar duas redes utilizando protocolos de rede distintos, pois estes equipamentos (roteador) operam na camada de protocolo do modelo OSI, sendo capazes de entender os pacotes de dados e alterá-los, caso necessário. Podem também endereçar os pacotes, tanto baseados no endereço TCP/IP quando no endereço físico (MAC) das placas de rede.

Há dois tipos de roteamento o estático e o dinâmico. O estático está presente nos equipamentos mais baratos e de pequeno porte. Nestes a rota mais curta, sem se incomodar com as colisões dos pacotes e o congestionamento, são escolhidas par o envio da informação. O roteamento dinâmico está presente em equipamentos mais caros e sofisticados. Nestes, utilizando-se de algoritmos ou heurísticas há avaliação prévia das condições das rotas, priorizando não as rotas mais curtas, mas sim as rotas mais efetivas, as mais eficientes, trabalhando de forma à evitar rotas congestionadas e mais eficientes.

Podemos dividir os roteadores, quanto a sua aplicação, o de uso doméstico e o de uso em ambientes empresariais.

Roteadores domésticos: possuem uma limitação em relação a recursos suportados, quantidade de memória RAM e processador. Esses dispositivos são desenvolvidos para trabalhar com uma baixa quantidade de pacotes. São ideais para utilizar em um ambiente doméstico ou pequenas empresas e escritórios.

Roteadores empresariais: suportam uma quantidade muito maior de recursos e funcionalidades; são desenvolvidos para trabalhar com alta taxa de dados e são ideais para ambientes empresariais, empresa de médio e grande porte.

O que é o NAT (Network Address Translation)?

Suponha que um rede local (rede interna) de uma instituição possua cinquenta estações de trabalho. Por medida de racionalização e economia de endereçamento IP, essas estações, embora contenham um endereço "interno", ao acessarem a rede externa (internet) tem modificado esse quesito através desse protocolo, propiciando que essa instituição esteja atrelada a uma quantidade muito menor de endereços IP. O pacote de dados enviado por uma determinada estação de trabalho vai até o servidor tendo seu endereço IP substituído sendo enviado para a Internet. No retorno da resposta, esse IP é trocado pelo da estação de trabalho original.

Para o perfeito funcionamento, três intervalos de endereçamento IP estão reservados para uso interno – somente para uso interno -, não se conectando externamente. São: *10.0.0.0 — 10.255.255.255/8 (16.777.216 hosts); 172.16.0.0 — 172.31.255.255/12 (1.048.576 hosts); 192.168.0.0 — 192.168.255.255/16 (65.536 hosts).*

Todo componente da LAN tem um endereço exclusivo, por exemplo, da forma 10.x.y.z. Quando um pacote, porém, deixa as instalações da empresa, sendo transmitido para o mundo exterior – que pode ser a Internet - ele passa por uma secção de NAT convertendo o endereço IP de origem 10.0.0.1, por exemplo, para o endereço IP verdadeiro da empresa, por exemplo 0 198.60.42.12.

Com frequência, a secção de NAT é combinada em um único dispositivo, com um firewall, oferecendo segurança por meio do controle cuidadoso do que entra na empresa e do que sai dela. Também é possível integrar a secção NAT ao roteador da empresa.

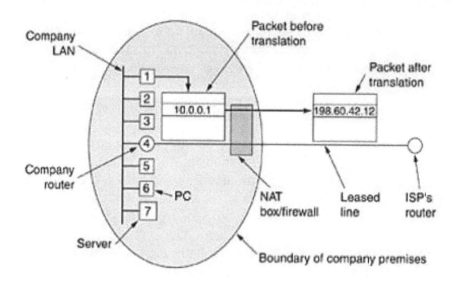

Tipos de NAT mais comuns

- NAT Estático: mapeamento um para um de um endereço IP privado para um endereço IP público. O NAT estático é útil quando um dispositivo de rede dentro de uma rede privada precisa ser acessível pela Internet.
- NAT Dinâmico: definido como mapeamento de um endereço IP privado para um endereço IP público a partir de um grupo de endereços IP públicos chamados como NAT pool. Estabelece um mapeamento um para um entre um endereço IP privado para um endereço IP público. Aqui, o endereço IP público é retirado do conjunto de endereços IP configurados no roteador NAT final. O mapeamento público para privado pode variar com base no endereço IP público disponível na pool do NAT.

- NAT sobrecarga (**PAT**): (Port Address Translator), é outro tipo de NAT dinâmico que mapeia vários endereços IP privados para um único endereço IP público usando uma tecnologia conhecida como Port Address Translation. Este processo é conseguido, uma vez que o equipamento que faz PAT utiliza portas que identificam univocamente cada pedido das máquinas locais (ex: 216.2.12.1:53221, 216.2.12.1:53220, etc) para o exterior.

23.1 - Roteador Wireless (sem fio)

Muito comum nas residências e pequenas empresas que propiciam a acesso à Internet sem necessidade de cabeamento. Comumente são do tipo Router-modem, ou seja, tem o modem embutido em sua placa interna. Podem ter antena interna, não-visível, ou externa, acumulando as seguintes funções prioritárias:

- Compartilhar a conexão com a Internet, podendo ser via ADSL, Cable Modem ou modem 3G.
- Oferecer acesso wireless para estações de trabalho, smartphones, impressoras com WIFI, etc.
- Providenciar portas físicas de conexão à Internet, através de cabo UTP.

Todos os dispositivos conectados ao roteador, seja via Wi-Fi, seja através de conexão física, têm igual acesso à Internet e ao compartilhamento de rede. Todavia, a velocidade dos clientes conectados via cabo é normalmente mais alta do que os conectados via WIFI, decaindo à medida que a distância do usuário à antena aumenta e à medida que a quantidade de usuários também aumenta.

Os roteadores atuais possuem processadores de 32 bits, 8 MB ou mais de memória RAM (alguns modelos chegam a utilizar 32 MB) e memória de armazenamento para o firmware, que faz o papel do sistema operacional. O roteador não possui teclado, nem mouse, muito menos monitor, por isso toda a configuração é feita através de uma interface web, que você acessa através do navegador em qualquer PC conectado a ele. O primeiro acesso é feita usando o login e senha padrão do fabricante, que você deve alterar assim que tiver chance, para evitar utilização indevida de sua rede de WIFI.

Um roteador, via de regra, oferece um conjunto de serviços de rede, com destaque para o servidor DHCP responsável por distribuir endereços IP para os clientes que se conectam a rede local (LAN). Sem o DHCP você teria que ficar configurando o endereço IP de cada dispositivo manualmente, para se conectarem à rede e perder tempo solucionando problemas, em vez de simplesmente ver tudo funcionando graças ao trabalho do DHCP.

Ilustração de alguns tipos

Em grandes redes corporativas, as portas LAN e WAN de um roteador têm quantidade suficiente para, em cada rede local, ou em cada unidade operacional, atender às necessidades de acesso local, privado e à Internet, com rotas redundantes, se necessário. Veja um exemplo ilustrativo:

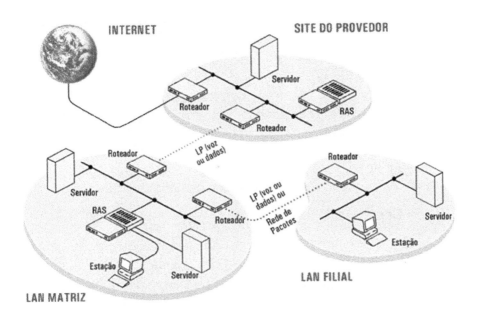

24 - Servidor

Dá-se o nome de servidor a um software ou equipamento microprocessado que fornece algum tipo de serviço a uma rede de computadores, denominada clientes, podendo esses serviços ser de naturezas distintas, tais como: servidor de email, servidor de web, servidor de arquivos, servidor de fax, servidor de impressão, servidor DNS, etc. Cada cliente tem acesso a vários servidores, assim como cada servidor tem acesso a vários clientes. A quantidade e capacidade dos servidores está diretamente vinculada ao tamanho da rede.

24.1 - Sistema Operacional

Para uma rede cliente-servidor funcionar perfeitamente, necessita de um sistema operacional instalado. Os mais comuns são o Unix, Linux, Solaris, FreeBSD, Novell Netware, Windows NT, Windows Server. Veja algumas ilustrações:

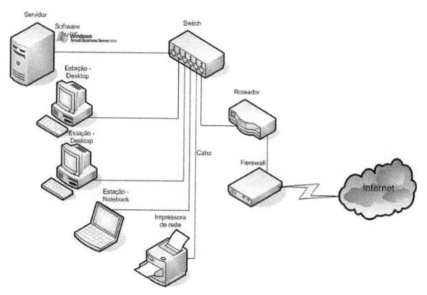

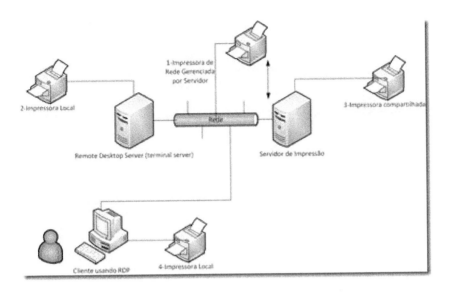

2-Impressora Local

1-Impressora de
Rede Gerenciada
por Servidor

3-Impressora compartilhada

Rede

Remote Desktop Server (terminal server)

Servidor de Impressão

Cliente usando RDP

4-Impressora Local

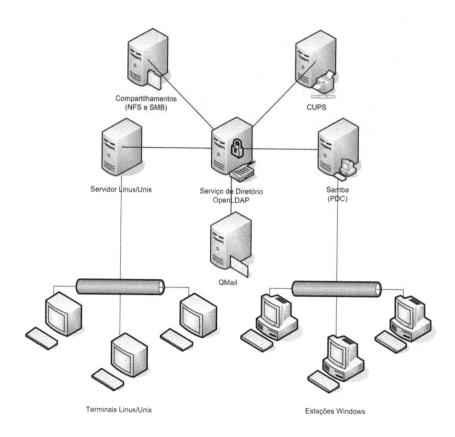

Compartilhamentos
(NFS e SMB)

CUPS

Servidor Linux/Unix

Serviço de Diretório
OpenLDAP

Samba
(PDC)

QMail

Terminais Linux/Unix

Estações Windows

25 - Firewall

É uma barreira protecionista para controlar e impedir acessos indevido a uma determinada rede de dados, restringindo-lhe o tráfego.

Pode ser um equipamento isolado ou um software específico "rodando" em computadores ou roteadores, ou em ambos.

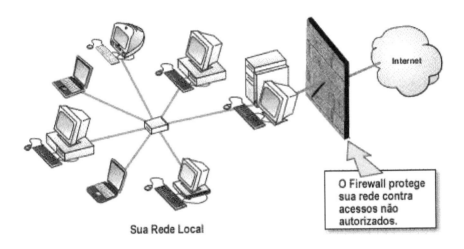

Sua Rede Local

O Firewall protege sua rede contra acessos não autorizados.

26 - Topologia de redes

Topologia de rede é o layout físico das conexões dos nós da rede. Há três topologias básicas: barramento linear, estrela e anel. Há vários fatores considerados na determinação da topologia ideal. Entre elas, estão o tipo dos computadores instalados, o tipo de fiação (cabo), o custo dos componentes e serviços necessários, para implementar a rede, e o desempenho desejado.

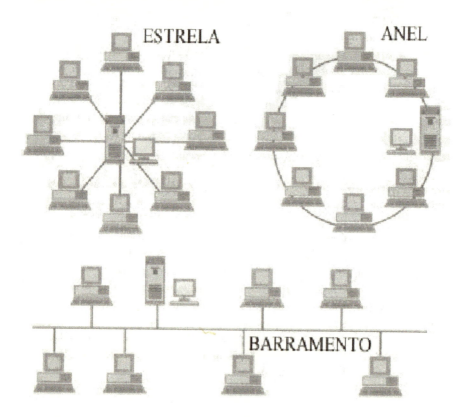

26.1 - A estrela tem um equipamento no centro da rede coordenando o fluxo das informações. Na rede em estrela, para "chamar" outro, um micro deve enviar o pedido de comunicação ao controlador, que então passará a requisição ao destinatário. Pode ser bem mais eficiente que o em barra, mas tem limitação no número de nós que o equipamento central pode controlar e, se o controlador pifar, a rede fica inoperante.

26.2 - Na topologia em barramento, existe um sistema de conexão (um cabo) que interliga os vários micros da rede. Nesse caso, o software de controle do fluxo de informações deverá estar presente em todos os micros. Assim, quando um micro precisa comunicar-se com outro, ele libera, na linha de comunicação, uma mensagem com códigos para identificar qual micro deverá receber as informações que se seguem.

26.3 - A topologia em anel pode ser considerada uma rede em barramento, com as extremidades do cabo juntas. Esse tipo de ligação não permite tanta flexibilidade quanto a ligação em barramento, forçando a uma maior regularidade do fluxo de informações suportado por um sistema de detecção, diagnóstico e recuperação de erros nas comunicações mais sofisticado. Nessa topologia, a informação passa por todos os PC, até ser extraída da rede pelo destinatário, que não a passa adiante.

26.4 - Topologia híbrida: aquela em que convive a mescla de cada uma das topologias acima descritas.

27 - O modelo OSI

OSI (Open Systems Interconection) é um modelo de referência desenvolvido pela ISO (Organização Internacional de Normatização), para servir como padrão na comunicação de dados entre dois computadores. Esse modelo é composto por sete camadas, conforme ilustração abaixo:

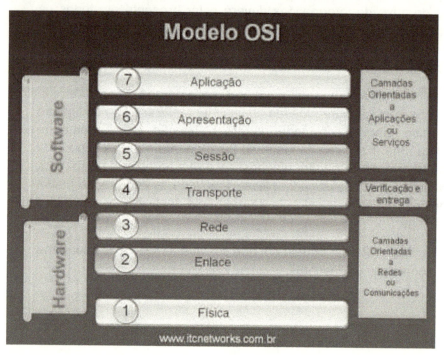

Modelo de Referência OSI

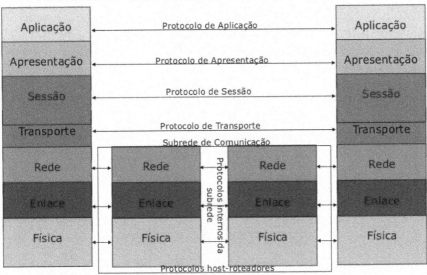

Para elucidar como tudo funciona, vamos apresentar o acesso a uma página Web, através de um browser, e verificar como tudo se encaixa no modelo OSI, começando da camada aplicação para a camada física.

7 - Na **camada de aplicação, o** browser (aplicação) serve de interface para apresentação da informação ao utilizador. Para este pedido (cliente-servidor), foi usado o protocolo HTTP. (HTTP, FTP, DNS, DHCP).

6 - O formato dos dados é tratado na **camada de apresentação.** Os formatos tradicionais da Web incluem HTML, XML, PHP, GIF, JPG, etc. Adicionalmente são usados mecanismos de encriptação e compressão para a apresentação da informação.

97

5 - Na **camada de sessão** é estabelecida a sessão entre o computador cliente (onde estamos a fazer pedido via browser) e o servidor web (que aloja a página requisitada). (RCP, SSH, SCP, NETBIOS).

4 - O protocolo TCP dá garantia na entrega de todos os pacotes, entre um PC emissor e um PC receptor (neste caso, a entrega de toda a informação da página web do servidor para o cliente), funcionalidade da **camada de transporte**. (TCP, UDP).

3 - Tanto o PC cliente quanto o servidor possuem um endereço lógico (endereço IP), sendo funcionalidade da **camada de rede.** Adicionalmente os routers determinam qual o melhor caminho para que os pacotes possam fluir (encaminhamento), entre cliente e servidor web. (IP, IPX, ICMP, ARP).

2 - O endereço IP (endereço lógico) é então "traduzido" para o endereço físico (endereço MAC da placa de rede. Isto é funcionalidade da **camada da dados.** (ETHERNET, FDDI, FRAME RELAY).

1 - Cabos de conexão, fibra óptica, placas de rede, hubs e outros dispositivos ajudam na ligação física entre o cliente e o servidor.

Detalhes da camada 1: é onde se inicia e termina todo o processo, pois nele será prestado o serviço ao usuário final. Tomemos como exemplo o cabo UTP, conexões RJ45: o sinal que vem do meio físico tem o formato de sinais elétricos e se transformam em bits (0 ou 1), após passar por um circuito decisor. Essa camada recebe os dados ou insere os dados no meio físico, dependendo da direção da comunicação. Essa funcionalidade é exercida pela placa de rede.

28 - Meios de comunicação

Quando se fala em meio de comunicação de dados, referem-se à forma como os dispositivos da rede são conectados, seja fisicamente ou via radiofrequência. Restrito a LAN, os meios mais comumente utilizados são o cabo de par trançado, o cabo de fibra óptica e as conexões sem fio.

28.1 - Par trançado

Os três padrões mais importantes são o 10BASE-T, o 100BASE-TX e o 1000BASE-T, que correspondem aos padrões de 10, 100 e 1000 megabits.

Cabo UTP (Unshielded Twisted Pair - Par Trançado Não-Blindado) ou STP (Shielded Twisted Pair - Par Trançado Blindado): a diferença física principal é quanto à malha de proteção e blindagem que o tipo STP possui. Por ser mais barato, o tipo UTP é mais utilizado.

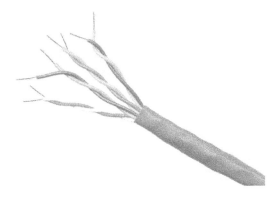

Para tráfego de dados, são comumente combinados com conectores RJ45.

Consiste, cada par, em dois fios de cobre, envolvidos individualmente em plástico e depois entrelaçados um em torno do outro e unidos em outra camada de isolamento plástico.

O cabo de par trançado é comumente conhecido como fio telefônico, embora sua qualidade seja superior. O par trançado surgiu dessa tecnologia, mas agora é feito segundo especificações mais exigentes. Para conectar um telefone a uma tomada na parede, basta um simples par de fios, mas, se os fios forem entrelaçados, o sinal resultante é mais intenso e de melhor qualidade.

28.2 - Cabo coaxial: é amplamente usado em TVs a cabo (com impedância característica de 75 ohms) e, por um tempo, suplantou o fio de par trançado como meio de conexão de redes locais – a priori antes do surgimento das hubs. Há dois condutores em um cabo coaxial, sendo um dele um fio simples, no centro do cabo e o outro uma blindagem envolvendo o primeiro cabo. O cabo coaxial, devido a sua configuração e proteção da malha, consegue transportar mais dados e a maior distância do que os de par trançado.

10base 2: rede coaxial de 10 Mbps com cabo fino; 10base 5: rede coaxial com cabo grosso.

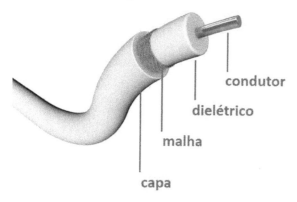

São comumente combinado com conectores do tipo BNC , ou os rosqueáveis, como figura abaixo:

Conector "F" RG 59
rosca

Conector "F" RG 06
rosca (1ª linha)

Conector "F" RG 59 para
climpar

Conector "F" RG 06 para
climpar

Conector "F" RG 59 para
climpar com anel fixo

Conector "F" RG 06 para
climpar com anel fixo

28.3 - Cabo de fibra óptica: é um fino fio de vidro (na verdade quartzo dopado) que transmite vibrações de raios de luz em vez de frequências elétricas. Quando uma extremidade do fio é exposta à luz, o fio transporta a luz para a outra extremidade - com uma perda de energia mínima ao longo do caminho.

Embora o fio de par trançado também atinja altas taxas de transferência de dados, o cabo de fibra óptica é imune às interferências eletromagnéticas e ruídos, melhorando seu desempenho em ambientes químicos e de dispositivos eletromagnéticos, possibilitando maior alcance da informação.

O inconveniente da fibra óptica está relacionado ao raio de curvatura que ela pode suportar sem se romper, seu custo de fabricação, emendas e "soldagem" de conectores à fibra. Possivelmente, logo haverá uma migração em massa para esse tipo de conexão, atendendo as conexões de Internet de usuários domésticos e profissionais.

10baseFL: fibra óptica a 10 Mbps; 100baseFX: fibra óptica operando a 100 Mbps, luz infravermelho; 100baseSX: fibra óptica até 100 Mbps, com fibra mais barata, porém menor alcance.

28.4 - Radiofrequência

Este modo de comunicação utiliza as propriedades físicas do eletromagnetismo, propagando pelo ar um sinal analógico de altíssima frequência. Lembrando que a frequência da rede elétrica está por volta de 60 Hz, um sinal de radiofrequência tem a frequência (sic) milhares de vezes superior a da rede elétrica, comumente acima de 400 kHz (400.000 Hertz).

28.4.1 - Por micro-ondas

São um tipo de onda de rádio utilizada para enviar informação à longa distância. O sinal de alta frequência modulado pela informação é enviado da estação transmissora para a estação receptora. Por ser um onda direcional, há necessidade de visada (campo visual) entre as duas antenas. Quando necessário, instalam-se estações repetidoras entre uma antena e a outra, porque o raio de curvatura da Terra está próximo de quarenta e sete quilômetros (47.000 metros).

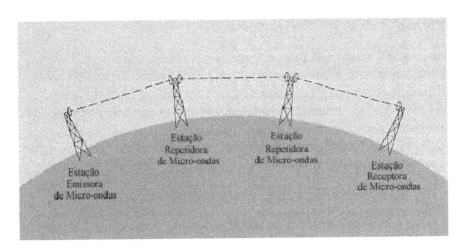

28.4.2 - Por satélite

Nesta modalidade, entre a antena transmissora e a receptora, está um satélite geoestacionário (porque fica parado numa determinada posição em relação à Terra). Como o satélite está a cerca de trinta e seis mil quilômetros de altitude (36.000.000 metros) há um atraso (delay) entre a informação transmitida e a recebida, que pode chegar até 0,5 segundos. Pode ser usado para comunicação de voz, imagens, TV e dados.

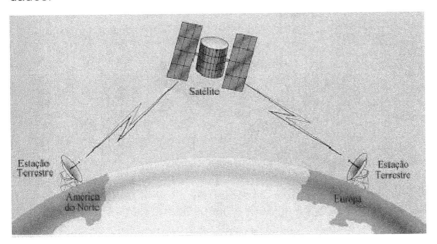

28.4.3 - Por WIFi - *Wireless Fidelity* (fidelidade sem fio)

Essa modalidade é muito utilizada em redes domésticas, comércio em geral, bibliotecas e pequenas empresas. Nela, um roteador, provido de circuitos de rádio, interconecta vários dispositivos, ou os conecta entre si, também providos de circuitos de rádio, à Internet. A distância comum entre o roteador e os dispositivos não deve ultrapassar os duzentos metros de área livre, para boa velocidade de comunicação. Um bom roteador permite até quinze conexões simultâneas.

Um bom PC, pode ser configurado, desde que tenha placa de WIFI, para substituir o papel do roteador.

PC with Wi-Fi Card and
USB-over-WiFi host
driver installed

PC with USB-over-WiFi
host driver installed

USB Devices connected to
the USB-over-WiFi Bridge

Wi-Fi Printer with
USB-over-WiFi Driver
installed

Algumas vantagens desse tipo de comunicação

- Computadores, celulares, videogames e outros dispositivos transmitam dados entre si, sem a necessidade de fios ou cabos;

- Livre de cabos para acessar a internet, podendo transitar livremente pela sua casa, ou pelas setores de uma empresa, com o celular ou notebook, desktop, etc;
- Baixo custo e acessibilidade.

Algumas desvantagens

- Falha na segurança: como há no mercado diversos programas que roubam a senha da rede WIFI, isso pode trazer invasões à rede;
- Obstáculos: sempre que se interpõe paredes, portas, etc. entre as antenas de WIFI, a comunicação pode ser prejudicada, implicando em baixa velocidade efetiva de comunicação.

Sugestões para melhorar a segurança

Infelizmente, principalmente quando se está conectado a uma rede de dados, nada é 100% seguro. Todavia, algumas precauções podem ser tomadas para dificultar o acesso de pessoas indevidas a sua rede de WIFI:

- Utilize a ferramenta de MAC filter (enable) permitindo que somente MAC address de usuários pré-estabelecidos tenham acesso à rede;
- Não utilize nome de usuário e senha óbvias, tais como seu nome, ou de familiares, datas de nascimento, endereço residencial, etc;
- Desabilite (disable) a função de administração remota do seu roteador;
- Atualize o protocolo de proteção, para utilizar o WPA2.

Quando estiver utilizando redes de WIFI abertas, abstenha-se de executar operações bancárias e outras que envolvam senhas pessoais. Além disso, seus arquivos devem estar no modo não-compartilhado.

29 - Conectores

Além do já explicado anteriormente, neste capítulo, detalharemos alguns conectores muito utilizados nas comunicações de dados, e ligações aos respectivos cabos.

29.1 - Conector BNC (Bayone-Neill-Concelman)

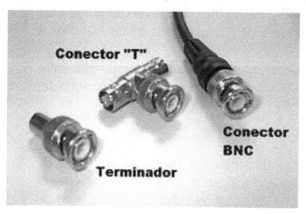

São terminações adequadas para interligações através de cabos coaxiais. Devem ser compatíveis com a bitola e a impedância característica do cabo utilizado.

O cabo coaxial é usado em diferentes aplicações:

- áudio
- rede de computadores (atualmente não muito)
- rádio e TV (transmissores e receptores)

Dois tipos principais:

- Coaxial fino (Thin Ethernet - 10Base2) - velocidade de 10 Mbps, com uma extensão máxima de segmentos de rede de cerca de 185 metros;

- Coaxial grosso (Thick Ethernet - 10Base5) - com uma taxa de transmissão semelhante ao anterior, mas com uma extensão máxima de segmento de rede de cerca de 500 metro.s

Há impedâncias características usuais de 50 Ohms, 75 Ohms, 93 Ohms, 95 Ohms e 100 Ohms.

RG significa Radio Guide.

Impedância Característica

O que é?

É uma característica muito importante nas linhas de transmissão física. Simplificadamente, sem adentrar a cálculos matemáticos, é a razão entre as ondas de tensão e corrente que se propagam num dado sentido (sentido gerador-carga, ou carga-gerador) ao longo da linha.

Como se calcula?

Seu cálculo teórico é extremamente complicado, sendo compreensível somente por graduados em curso superior de engenharia e afins, pois utiliza-se de cálculo integral e diferencial.

No que ela implica?

Quando um sistema tem desequilíbrio na impedância características, surgem fenômenos de reflexão de onda, ocasionando sobrecarga no circuito gerador e duplicação do sinal de transmissão, defasado. Portanto, para se aproveitar ao máximo a energia provinda de um gerador, este, a carga e o meio físico devem possuir a mesma impedância característica nominal.

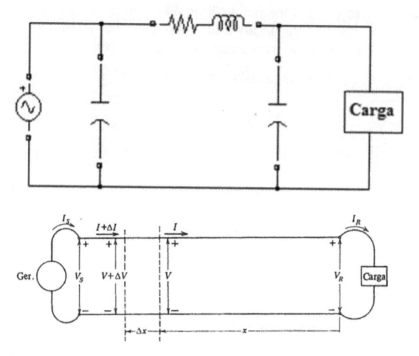

Cabo de 50 Ohms: RG 58, RG 08, RG 213, RG 62 A/U, RG E62

Cabo RG 58

Resistência ôhmica do condutor interno: ≤ 3,0 Ohms/km

Resistência ôhmica do condutor externo: ≤ 10.0 Ohms/km

Resistência de isolamento: > 5000 MOhms.km

Tensão de RF: ≤ 0,5 kV RMS

Teste de tensão: 1,0 kV (CA // 1 min.)

Capacitância nominal: 78 pF/m

Velocidade de propagação relativa: 80 % da velocidade da luz no vácuo

Impedância característica: (50 ± 2) Ohms

Atenuação em dB/100 metros

50 Mhz: 13

100 Mhz: 17

1.000 Mhz: 72

3.000 Mhz: 148

Cabo de 75 Ohms: RG59, o RG6 e o RG11

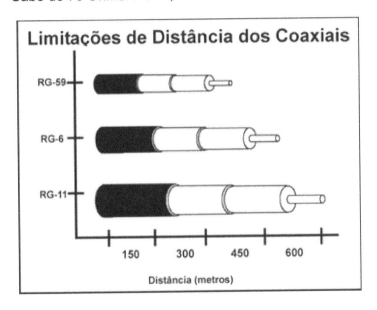

RG 59

Resistência ôhmica do condutor interno: ≤ 68,0 Ohms/km

Resistência ôhmica do condutor externo: ≤ 17.0 Ohms/km

Resistência de isolamento: > 10.000 MOhms.km

Tensão de RF: ≤ 0,5 kV RMS

Teste de tensão: 1,0 kV (CA // 1 min.)

Capacitância nominal: 70 nF/km

Velocidade de propagação relativa: 87 % da velocidade da luz no vácuo

Impedância característica: (75 ± 3) Ohms

Atenuação dB/100 metros

10 Mhz: 3

40 Mhz: 7

100 Mhz: 11

200 Mhz: 15

300 Mhz: 19

500 Mhz: 25

1.000 Mhz: 38

29.2 - RJ 45 (Registered Jack)

É o tipo de conector mais utilizado em redes de comunicação de dados. De acordo com o nível de segurança e a bitola do fio, o cabo a ele conectado é dividido em categorias, denominadas por Cat. A distância máxima, sem repetidores, ou outro ativo de rede qualquer, recomendada é de cem metros.

Ilustração do cabo cat 5e e RJ 45 cat 5/5e

Configuração do cabo direto, plug macho

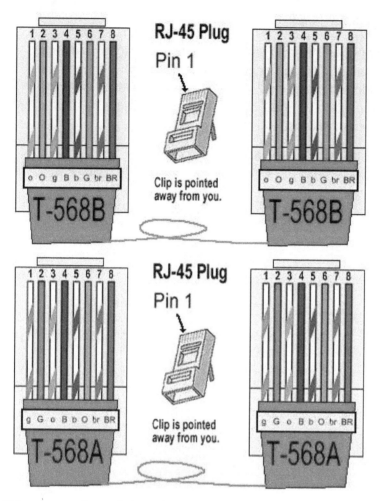

*Usa-se preferencialmente o padrão 568b, quando cabo direto. Em ligações crossover – para conexões entre roteadores, switches, hubs e outros – deve-se usar numa ponta o 568a e noutra o 568b. Equipamentos mais modernos, contendo o auto MDI/MDX não necessitam dessa artimanha.

Par 2, pinos 1 e 2; par 1, pinos 4 e 5; par 3, pinos 3 e 6; par 7 e 8.

Posicionamento da pinagem

Macho

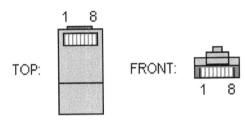

TOP: FRONT:

Fêmea

Designação dos pinos

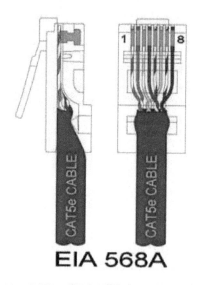
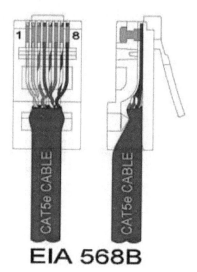

EIA 568A

EIA 568A		
Pin # Wire Color Legend		Signal
1	White/Green	TX+
2	Green	TX-
3	White/Orange	RX+
4	Blue	TRD2+
5	White/Blue	TRD2-
6	Orange	RX-
7	White/Brown	TRD3+
8	Brown	TRD3-

EIA 568B

EIA 568B		
Pin # Wire Color Legend		Signal
1	White/Orange	TX+
2	Orange	TX-
3	White/Greage	RX+
4	Blue	TRD2+
5	White/Blue	TRD2-
6	Green	RX-
7	White/Brown	TRD3+
8	Brown	TRD3-

No padrão de até 100 Mbps apenas os pares verde e laranja transmitem/recebem dados, os demais ajudam no isolamento. Para velocidade maiores, utilizam-se todos os pares.

Categorias

Categoria 1: Utilizado em instalações telefônicas, porém inadequado para transmissão de dados.

Categoria 2: Permite transmissão de dados a até 2.5 megabits e era usado nas antigas redes Arcnet.

Categoria 3: Permite transmissão de dados a até 10 Mbps. A principal diferença do cabo de categoria 3 para os obsoletos, cabos de categoria 1 e 2, é o entrançamento dos pares de cabos. Enquanto nos cabos 1 e 2 não existe um padrão definido, os cabos de categoria 3 (assim como os de categoria 4 e 5) possuem pelo menos 24 tranças por metro e, por isso, são muito mais resistentes a ruídos externos. Cada par de cabos tem um número diferente de tranças por metro, o que atenua as interferências entre os pares de cabos. Praticamente não existe a possibilidade de dois pares de cabos terem exatamente a mesma disposição de tranças.

Categoria 4: Este tipo de cabo foi muito usado em redes Token Ring de 16 megabits. Em teoria podem ser usados também em redes Ethernet de 100 megabits – Mbps -, mas na prática isso é incomum, porque são difíceis de ser encontrados.

Categoria 5: A grande vantagem desta categoria de cabo sobre as anteriores é a taxa de transferência, podendo ser usados tanto em redes de 100 megabits quanto em redes de 1 gigabit.

Categoria 5e: *Os cabos de categoria 5e são os mais comuns atualmente*, com uma qualidade um pouco superior aos cat 5. Eles oferecem uma taxa de atenuação de sinal mais baixa, o que ajuda em conexões mais longas, perto dos 100 metros permitidos. Estão disponíveis tanto cabos com blindados quantos cabos sem blindagem.

Categoria 6: Utiliza cabos de 4 pares, semelhantes aos cabos de categoria 5 e 5e. Este padrão não está completamente estabelecido, mas o objetivo é usá-lo nas redes Gigabit Ethernet. O conector para o cabo cat 6 é maior do que o do cat 5.

Categoria 7: Também utilizam 4 pares de fios, porém usam conectores mais sofisticados e são muito mais caros. Tanto a frequência máxima suportada, quanto a atenuação de sinal são melhores do que nos cabos categoria 6.

Como "crimpar" um cabo UTP ao conector macho RJ45

A seguir, apresentaremos o passo a passo, ilustrando, para confeccionar um cabo com conector RJ 45 macho.

1. Cortar a capa mais externa do cabo, com cuidado para não ferir os pares de cabos trançados, deixando à mostra 1" (uma polegada) dos fios;
2. Com delicadeza, separe cada um dos pares, deixando-os bem distantes;
3. Como o estilete, corte o núcleo e descarte-o;
4. Destrance, com cuidado para não se perder, cada par, separando-os;
5. Organize o fios, perfazendo uma fileira plana;
6. Corte novamente os fios, de maneira que uma parte da capa externa possa ficar embutida no conector;
7. Insira os fios no conector, na ordem e adequadamente, confirmando a sequência correta;
8. Usando o alicate de crimpagem – apropriado para essa tarefa -, pressionando o revestimento e o cabo dentro do conector, de modo que a saliência da parte inferior seja pressionada para dentro do revestimento. "Recrimpe" para garantir o bom contato;
9. Após fazer isso em ambas as pontas, faça um teste.

Veja a sequência numérica das ações:

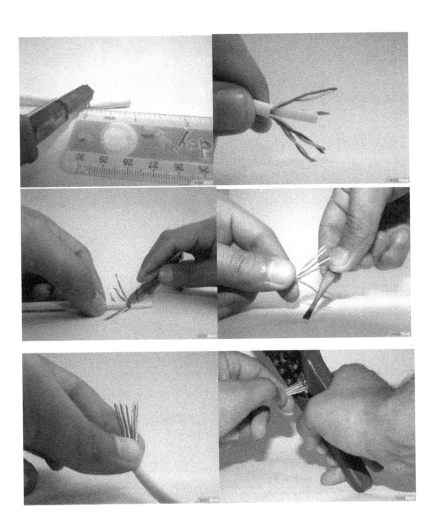

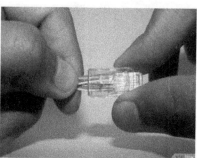

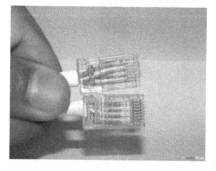

Protetor para cabo RJ 45: Quando utilizado, deve ser encaixado ao cabo como primeira operação de confecção do cabo com conector.

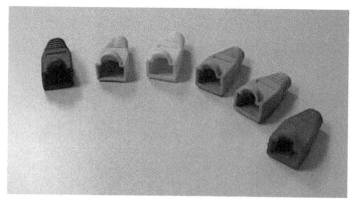

Formato do sinal de dados no cabo RJ 45

Dependendo da distância, haverá decréscimo, entre outros fenômenos, do valor máximo de Pico. Todavia, próximo ao equipamento gerador do sinal, ter-se-á um sinal similar ao abaixo, entre os pinos TX + e TX -.

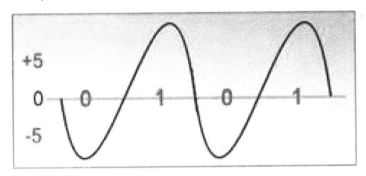

29.3 - Conector USB (Universal Serial Bus)

Esse tipo de conector, permite a conexão de periféricos (impressoras, celulares, Pen Driver, digitalizadores, webcam, teclado, mouse, gravadores de CD, DVD, etc.), principalmente ao PC, notebook, tablet, etc, sem a necessidade de desenergizar os equipamentos interconectados.

Esse conector padrão foi desenvolvido por um grupo de empresas, das (lógico que não poderia se ausentar) quais a Microsoft, começando sua comercialização nas proximidades do ano 1.997. Seu símbolo universal é um tridente, lembrando Netuno.

Atualmente suportam transferência de até 625 MB (seiscentos e vinte e cinco megabytes).

Seu tipo de encaixe não permite conexões errôneas (chamado de "à prova de burro"). Encontrado ainda nas versões micro USB e mini USB, em algumas versões.

Ilustração de conector USB fêmea tipo A

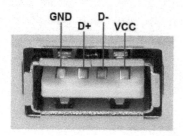

Comparando o conector macho ao fêmea tipo A

Pino 1: + 5 V; pino 2: - Dados; pino 3: + Dados; pino 4: 0 V ou terra.

Comparação trivial dos tipos

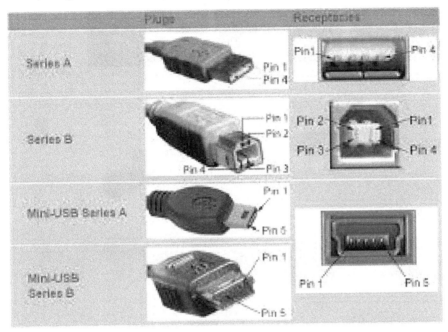

O formato do sinal é análogo ao mostrado no caso do conector RJ45.

29.4 - Conector de fibra óptica

Eis os mais utilizados, até a data de hoje:

121

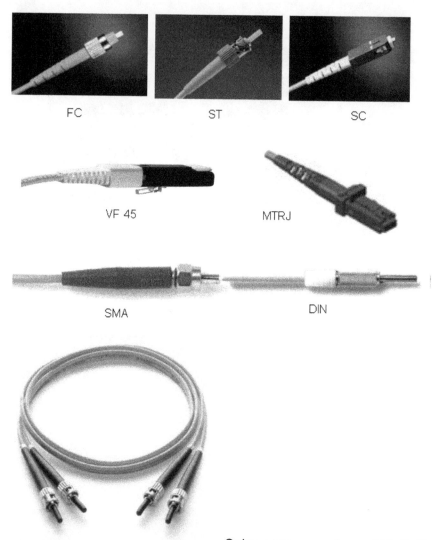

FC　　　　　　ST　　　　　　SC

VF 45　　　　　MTRJ

SMA　　　　　　DIN

Cabo com conectores ST: 2 fibras, uma transmissão, outra recepção.

Cabo com conectores SC: Trata-se de um conector duplo, cujo encaixe é feito de forma simultânea para o canal de transmissão e o de recepção.

Cabo com conectores MTRJ: 2 fibras no mesmo cabo, sendo uma para transmissão e outra para recepção.

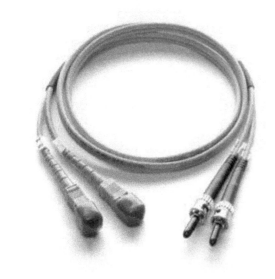

Cabo SC/ST

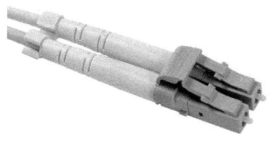

Cabo com conector LC: conector miniatura muito utilizado em 10 Gigabit.

29.5 - Conector HDMI (Hig Definition Multimedia Interface)

HDMI é uma tecnologia capaz de interconectar sinal de com áudio e vídeo simultaneamente, na forma de sinais digitais, conferindo-lhe alta qualidade de som e imagem, estas com altíssimas resoluções. Com ele se conectam TV digitais, blu-ray e monitores do tipo 4K.

Há dois tipos de HDMI, o de 19 pinos (HDMI A) e do de 29 pinos (HDMI B), sendo mais popular o primeiro.

Resolução

- 480i: 640x480 pixels com interlaced scan;
- 480p: 640x480 pixels com progressive scan;
- 720i: 1280x720 pixels com interlaced scan;
- 720p: 1280x720 pixels com progressive scan;
- 1080i: 1920x1080 pixels com interlaced scan;
- 1080p: 1920x1080 pixels com progressive scan.
- 4K: 4000x2000.

No progressive scan, todas as linhas de pixels da tela são atualizadas simultaneamente. Já no interlaced scan, primeiro atualizam-se as linhas pares e em seguida as linhas ímpares. De modo geral, progressive scan oferece melhor qualidade de imagem.

Pinagem do HDMI A

Via	Sinal
1	TMDS Data2+
2	TMDS Data2 Shield (malha)
3	TMDS Data2–
4	TMDS Data1+
5	TMDS Data1 Shield (malha)
6	TMDS Data1–
7	TMDS Data0+
8	TMDS Data0 Shield (malha)
9	TMDS Data0–
10	TMDS Clock+
11	TMDS Clock Shield (malha)
12	TMDS Clock–
13	CEC
14	Reservado

15	SCL
16	SDA
17	DDC/CEC (Ground)
18	+5 V (Power)
19	Hot Plug Detect

30 - DPI ou PPP

DPI (Dots Per Inch, ou Pontos Por Polegada) é uma grandeza que denuncia o número de pontos por polegada que definem uma determinada imagem. Quanto mais pontos, até o limite da percepção do olho humano, portanto, tiver uma imagem, melhor será a sua resolução.

Imagens em folha de papel, têm qualidade apreciável, se contiverem acima de 300 DPI, ou seja, no mínimo 300 pontos por polegada tanto na vertical quanto na horizontal.

Compare a qualidade das duas imagens abaixo, notando que a de 300 DPI é de melhor qualidade de visualização.

31 - Pixel

Em algumas aplicações, utiliza-se a quantidade de pixel para se definir o tamanho de uma imagem, por exemplo, na confecção do arquivo da capa de um livro (em JPEG, PNG, etc.).

Para clarificar, suponha que se necessite de uma imagem para capa com 400 DPI, nas dimensões de 15 cm de largura por 27 cm de comprimento (ou altura, não importa). Em sua confecção, essa imagem deverá conter a seguinte quantidade de pixel, sabendo-se que uma polegada equivale a 2,54 cm:

Largura = 400(15/2,54) = 2.363 pixel

Comprimento = 400(27/2,54) = 4.252 pixel

32 - Adaptadores mais comuns

32.1 - BNC (tabela da http://www.mectronica.com.br)

Tabela referencial

Nº	Modelo	Descrição
1	MT 603	Adaptador UHF Fêmea para UHF Fêmea
2	MT 705	Adaptador N Fêmea para N Fêmea
3	MT 707	Adaptador N Macho para N Macho
4	MT 819	Adaptador BNC Fêmea com Base Quadrada para Painel
5	MT 711	Adaptador N Fêmea para N Fêmea com Base Quadrada
6	MT 818	Adaptador BNC Fêmea para N Fêmea com Base Quadrada
7	MT 709	Adaptador N Macho para BCN Fêmea
8	MT 821	Adaptador BNC Fêmea para Cabo RG 59 com Rosca para Painel
9	MT 817	Adaptador BNC Macho para N Fêmea
10	MT 606	Adaptador UHF Macho para UHF Macho
11	MT 807	Adaptador BNC Macho para BNC Macho
12	MT 816	Adaptador UHF Fêmea para BNC Macho
13	MT 808	Cotolevo 90º BNC Fêmea para BNC Macho
14	MT 609	Conector UHF Macho para BNC Fêmea
15	MT 611	Conector UHF Macho para N Fêmea
16	MT 810	Tee BNC Fêmea / BCN Fêmea para BNC Macho
17	MT 604	Tee UHF Fêmea / UHF Fêmea para UHF Macho
18	MT 708	Tee N Fêmea / N Fêmea para N Fêmea
19	MT 820	Conector BNC Fêmea para BNC Fêmea com Rosca para Painel
20	MT 809	Adaptador BNC Fêmea para BNC Fêmea
21	MT 610	Adaptador N Macho para UHF Fêmea

32.2 - Adaptador BNC para par trançado

32.3 - Adaptador USB fêmea para mini USB

32.4 - Adaptador de micro USB para mini USB

32.5 - Adaptadores para fibra ótica

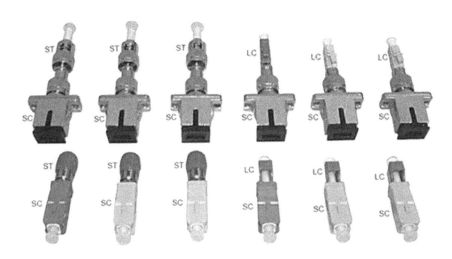

32.6 - Adaptador HDMI para VGA

33 - Conversores de meio

Embora conhecidos por conversores de mídia, esses equipamentos são, na verdade, conversores de um tipo de meio de comunicação física para outro, utilizados em ligações ponto a ponto, adaptando dois meios diferentes de uma mesma rede local.

Este são os mais comuns no mercado nacional.

RJ 45 para fibra ótica monomodo (Giga ethernet)

Os conversores de mídia com tecnologia WDM permitem ampliar a rede para distâncias de até 20 km utilizando uma única fibra para transmissão e recepção dos dados. Além de garantir mais velocidade e segurança na conversão de sinais ópticos em elétricos e vice-versa sem perder a qualidade na transmissão de dados, eles permitem reduzir as despesas com cabeamento óptico pela metade.

RJ 45 para fibra multimodo (Giga ethernet)

multimodo em Fast ethernet

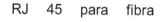

RJ 45 para fibra

monomodo Fast ethernet

RJ45 para fibra

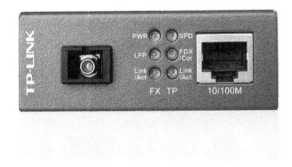

Conversor RJ45 para fibra de 10/100mbps

Conversor de cabo coaxial para RJ45

Dúvidas, sugestões, críticas e incorreções: ramiralves920@gmail.com

Final do Volume I